社会发展新常态下体育产业发展研究

苗苗 著

中国原子能出版社

图书在版编目（CIP）数据

社会发展新常态下体育产业发展研究 / 苗苗著. --
北京：中国原子能出版社，2019.5
ISBN 978-7-5022-9802-9

Ⅰ . ①社… Ⅱ . ①苗… Ⅲ . ①体育产业－产业发展－
研究－中国 Ⅳ . ①G812

中国版本图书馆 CIP 数据核字（2019）第 092638 号

内 容 简 介

本书以体育产业发展为研究对象，立足当前国内国际社会经济发展形
势和发展动态，探讨了我国体育产业的科学化发展。全书在简要阐述体育
产业基本理论知识的基础上，对当前我国体育产业发展的整体现状、政策
环境进行了深入解读，重点探讨了新时期我国社会新常态、国际社会新常
态下我国体育产业的整体发展环境、发展机遇、发展挑战及发展策略，并就
我国体育产业的结构优化、科学经营管理、产业资源管理进行了系统研究。
此外，本书还分别就我国的多元体育产业类型，如体育用品业、体育服务
业、体育彩票业、体育传媒业、体育广告业、体育赞助业与体育旅游业等的
科学发展进行了分析阐述。整本书角度新颖、时代性突出，指导启发性强，
是一本关于我国体育产业发展的科学学术著作。

社会发展新常态下体育产业发展研究

出版发行 中国原子能出版社（北京市海淀区阜成路 43 号 100048）
责任编辑 张 琳
责任校对 冯莲凤
印 刷 三河市铭浩彩色印装有限公司
经 销 全国新华书店
开 本 787mm×1092mm 1/16
印 张 16
字 数 207 千字
版 次 2019 年 9 月第 1 版 2019 年 9 月第 1 次印刷
书 号 ISBN 978-7-5022-9802-9 **定 价** 79.80 元

网址：http://www.aep.com.cn E-mail：atomep123@126.com
发行电话：010－68452845 版权所有 侵权必究

前　言

现阶段,我国体育产业已经进入一个新的发展时期,这个新时期是我国体育产业所面临的经济、体育、文化、科技等新环境的综合体现,整个社会环境的发展变化为我国体育产业的可持续发展带来了新的机遇与挑战。

近年来,我国重视体育发展,竞技体育运动成绩的不断刷新、全民健身的持续开展与推进、信息技术和经济结构改革引发了整个社会环境的变化,给人们的社会生活带来了全新的改变,也促使各产业发展的变革。世界范围内,世界经济与体育一体化发展背景下,各国的体育产业发展宏观环境发生了新变化,如何适应这种变化并充分发挥本国体育产业优势是一个亟须解决的问题。总之,社会发展是体育产业发展的重要环境和条件基础,社会各方面、诸要素的发展变化必然会带来一系列的社会变革,而基于社会基础的体育产业发展也必然会随之发生新变化与变革。

当前社会发展新常态下,国内、国际体育产业发展环境处于持续不断的动态变化之中,同时也呈现出一定的稳定性发展趋势。在新的社会环境下,如何实现体育产业的科学、可持续发展值得深思,故特撰写《社会发展新常态下体育产业发展研究》一书,以为新时期我国体育产业的科学发展提供理论指导与思想启发。

全书共八章,以产业理论为基础,以发展为侧重点,对我国体育产业进行了全方位立体、深入、系统地研究。第一章为体育产业概述,全面阐述了体育产业概念、内容及分类,体育产业的属性及特征,体育产业相关概念与理论,有助于读者对体育产业有一个全面深入的认识与理解;第二章为体育产业发展现状与政策环境研究,对当前我国体育产业的发展现状进行了较为精简的分析,并在解析政策对体育发展的影响的基础上,对新时期我国现阶段的体育产业政策制度及其发展进行了重点解析;第三章和第四章分别为国内、国际社会新常态下我国体育产业的创新发展研究,这两章立足当下,充分结合了当前我国、国际体育产业发展的宏观社会、经济、体育等多元环境,探讨了我国体育产业的多元化、可持续发展,重点涉及体育产业在体育健身方面的发展、体育产业改革、体育产业的"互联网+"发展业态、体育产业的区域化发展、体育产业的国际化发展等;第五章从结构优化与经营管理两个方面对体育产业进行了分析研究,体育产业的可持续发展都是建立在体育产业结构的持续优化与科学经营管理基础之上的;第六章为体育产业资源管理,主要包括体育场馆资源管理、体育无形资产与资本管理、体育产业人才培养三部分内容;第七章与第八章分别就我国传统体育产业、新兴体育产业的各产业的具体发展进行了深入、细致地分析与研究,指出了我国体育产业的科学化发展策略。

本书在撰写过程中突出了以下特点。

第一,科学严谨,理论性强。本书对体育产业的研究以体育发展理论为基础,对体育产业的发展探索均建立在科学理论研究基础之上,这就为整本书的研究奠定了扎实的理论研究基础,使整本书的研究更加科学严谨。

第二,角度新颖,亮点突出。本书的第三章、第四章为亮点章节。全书以发展为研究主线和研究方向,结合当前体育产业发展的国内、国际社会新常态,深入剖析了我国体育产业的发展环境,并就国内、国际社会发展新常态下体育产业的多元、创新发展进行了理论与实践探索。

第三,时代性强。本书对体育产业的发展研究立足当下时代发展特点与特色,充分考虑了体育产业所面临的新时代社会、经济、体育、文化、科技等特点,对体育产业对时代新特点的适应与利用进行了科学探索,并据此提出了体育产业的创新发展道路。

第四,指导性与启发性强。体育产业发展需要社会各方面发展的支持,本书对体育产业的发展研究是一种动态性的发展研究,无论是产业政策,还是经济环境、信息科技等,都处于不断地变化之中,而本书对体育产业的科学可持续发展探索充分考虑这些变化性因素,并指出了体育产业发展所面临的发展挑战、发展机遇、发展策略,对我国当前的体育产业发展具有重要的指导和启发价值。

本书在撰写过程中,参考和借鉴了许多学者在体育产业方面的研究观点、资料,在此向其作者表示诚挚的谢意。由于时间和精力有限,书中难免会有遗漏错误之处,恳请广大读者批评指正。

作　者

2018 年 10 月

目　录

第一章　体育产业概述

　　体育产业是我国国民经济发展的一个重要新兴产业,在现阶段我国非常重视体育事业发展的社会大背景下,体育产业具有良好的发展前景。新时期,我国体育经济环境发生了很大的变化,要在新的境遇下促进体育产业的发展,就必须对体育产业有一个全面深入的认识。本章主要对体育产业的基本理论知识进行全面阐述,以更加深入地了解体育产业,建立更加完善的体育产业理论体系,为进一步探索体育产业的发展奠定理论基础。

第一节　体育产业概念、内容及分类

一、体育产业的概念认识

　　体育对人类社会发展和日常生活的影响久远,体育发展成为一项产业的历史却相对较短,国内外学者对体育产业的研究非常积极并涉及体育产业的多个方面,但是关于体育产业的概念界定,目前在学术界尚未有统一的描述。国内外学者对体育产业的概念界定有着不同的描述。

　　(一)国外学者对体育产业的认识

　　在国外体育发达的国家和地区,体育产业的产生相对较早,欧美一些体育强国的学者最早认识到体育产业,并开始对体育产

·1·

业展开研究。

在体育产业的概念界定方面,目前国外代表性的观点具有以下几种。

(1)美国学者米克认为,体育产业是围绕体育这一主题开展的各种体育娱乐休闲、体育产品与服务、体育组织等产业活动。

(2)美国学者彼茨、菲欧汀和米勒认为,体育产业是一种为购买者提供体育产品的体育市场。

(3)日本学者宫内孝典认为,体育产业包括软件(体育用品、信息、服务)和硬件(体育制造业者和体育领域的供给者)两个部分(《日本体育产业的发展》)。

(二)国内学者对体育产业的认识

在我国,体育产业的正式形成时间比较晚,发展程度也不及国外体育发达国家,在学术领域,对体育产业的概念研究,是在社会发展变革的大背景下逐步形成和发展的,国内学者对体育产业的概念研究,有广义和狭义两种定义认知。

1. 广义的体育产业

关于广义的体育产业概念界定,代表性的观点有以下两种。

(1)体育产业是社会主义经济体制运行下的一种体育事业。这种对体育产业的认知,将体育产业的社会发展背景充分考虑了进来,同时,也表明了体育产业发展与我国国家制度之间的关系。在体育产业和体育事业二者辩证统一为客观前提下,在当前社会体制下能给体育产业的发展提供充分的制度基础和社会环境。

(2)体育产业是有关体育的一切生产、经营等活动的综合,体育产业的概念应充分考虑体育产业的存在过程,明确体育产业与其他相关产业之间的密切关联,体育产业的本质是一种与体育相关的经济产业,其产生经济价值。

2. 狭义的体育产业

关于狭义的体育产业概念界定,代表性的观点有以下几种。

(1)有观点认为,体育产业就是体育服务业。这种观点是体育产业所生产的产品属性上对体育产业进行的认知。

(2)有学者认为,体育产业就是指从事体育服务生产和经营,或以体育劳务形式为消费者提供体育服务的生产部门。

(3)有学者指出,体育产业就是指体育事业中能进入市场并且能带来赢利的那一部分。该种认知强调了体育产业的可操作性。

综上体育产业的概念界定,不同的学者对体育产业的认知角度不同,因此在体育产业的概念界定描述上也各有特点和侧重。

随着体育与社会发展关系的紧密,体育产业在社会生活、经济、文化等方面发挥着越来越重要的作用,体育产业是一种复合产业,并不像工业、农业等传统而具体的产业,体育产业所生产的产品非常广泛、复杂,在体育产业形成以前,不少体育产品分散在轻工业、商业服务、文化教育、旅游等各个社会领域。当产品的需求量达到一定规模后,会独立出来成为一种新的产业。如今的体育产业正处于这样一个逐渐成熟和独立时期,体育产业发展渗透到社会的各个领域,对体育产业的概念界定也越来越难。此外,体育产业已经逐渐发展成为各国家和地区的国民经济发展的一个支柱产业,因此,对体育产业的研究要充分结合国情和国际体育发展现状与趋势。

就我国体育产业发展来看,对体育产业的研究,要充分考虑中国体育产业的发展现状,即借鉴的发达国家体育产业间的综合分类与划分标准符不符合我国的现状。最后还要看发展体育产业的最终目标是什么。同时,考虑我国体育产业发展与国际体育发展的接轨,即在体育产业的经营内容、统计指标体等一些基础的大方向上与国际同步。

二、体育产业的内容

体育产业是一个综合性的产业,可以满足人们对体育的多样化需求,体育产业覆盖面广、内容丰富,从产业组织与经营集合来看,体育产业包括四个方面的内容。

(一)体育本体产业

体育本体产业是体育的核心产业构成,是体育活动直接相关产业,包括体育培训业、竞赛业、表演业等。

(二)体育相关产业

体育相关产业,是在体育活动直接活动的基础上衍生出来的与其他相关产业的"合成"产业,如体育用品制造业、广告业、广播业等。

(三)体育延伸产业

体育延伸产业是对体育产业的本体体育活动的一种商业化延伸,突显出体育活动本身所具有的商业价值,这些产业的存在主要是运行体育资本,如体育保险、体育经纪、体育彩票等。

(四)体育边缘产业

体育边缘产业,是为了促进体育产业的发展,为体育产业提供必要的支持的产业,这种支持可以确保体育其他核心和主导产业的更加快速的发展,是一种为体育产业的发展提供服务保障的产业,包括饮食、住宿、交通等各方面。

三、体育产业的类别

体育在我国的发展与我国的国情密切相关,新中国成立之初,体育行政部门是国家事业单位,体育生产部门是国有单位,运动员和教练员的身份是国家干部,体育市场主体缺失,不存在体育市场。

随着我国社会经济的改革,我国体育产业发展逐见雏形,体育产业发展受到重视,体育产业分类问题也受到关注。

体育产业分类如下。

（一）《体育产业发展纲要》对体育产业的分类

1995年，国家体育总局颁发《体育产业发展纲要》，《体育产业发展纲要》明确了体育产业的以下分类。

1. 体育主体产业

在体育产业中，对社会体育发展起到重大影响作用的产业，是体育产生经济效益的主要实现产业，如体育竞赛、体育教育、体育科技、体育赞助等产业。

2. 体育相关产业

体育相关产业，是不同产业与体育本体产业的结合，可促进体育活动的顺利开展，如体育器材制造、体育服装生产、体育餐饮住宿等产业。

3. 体育外围产业

体育外围产业即为促进体育产业发展或者为解决体育产业发展中的问题而产生的产业，用于体育部门的体育事业创收，以便于更好的经营管理体育产业活动。

（二）根据消费品形态分类

根据消费品的形态，可将体育产业分为体育物质（配套）产品和体育服务产品，相应的体育市场也可以分为体育物质产品市场和体育服务产品市场。体育服务业和体育物质（配套）业可进一步细分为多种产业内容（图1-1）。

（三）根据体育产业链分类

产品从生产、流通、消费的过程需要经历一个完整的产业链。对于此，可根据体育产业链中各细分产业之间的关系和关联度进行分类,具体可以分为以下三类。

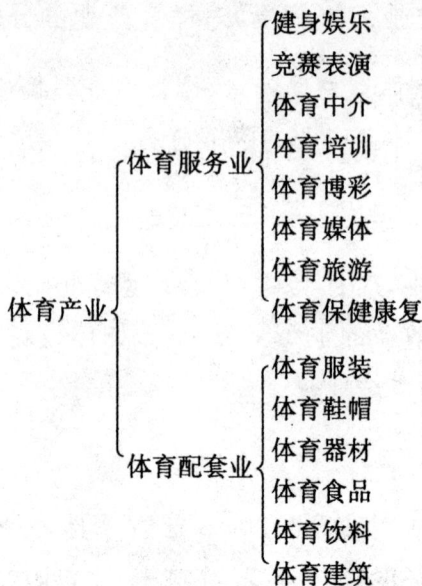

```
                                    ┌ 健身娱乐
                                    │ 竞赛表演
                                    │ 体育中介
                          体育服务业 ┤ 体育培训
                                    │ 体育博彩
                                    │ 体育媒体
                                    │ 体育旅游
            体育产业 ┤              └ 体育保健康复
                                    ┌ 体育服装
                                    │ 体育鞋帽
                          体育配套业 ┤ 体育器材
                                    │ 体育食品
                                    │ 体育饮料
                                    └ 体育建筑
```

图 1-1

1. 体育产业链上游产业

体育产业的原产业,引发体育活动的产业,如体育竞赛表演业就属于此类。

2. 体育产业链中游产业

与体育活动的开展具有密切的关系,为体育活动开展提供必要的资源支持,包括人力、物力和财力支持,如体育经纪业、体育制造业、体育场馆运营等。

3. 体育产业链下游产业

体育下游产业是体育产业的继续延伸,如果没有下游产业,体育产业也会正常发展下去,并不会受到任何的影响,下游产业依附于体育主体产业,是体育产业的创新性产业,如体育房地产、体育食品、体育博彩等。

根据体育产业链上下游关系对体育产业进行分类,阐明了体育产业是以体育活动为原点的生产、经营以及开发的产业链,有助于更加直观地认识体育产业产品与服务的生产消费过程(图1-2)。

图 1-2

(四)根据体育消费需求分类

不同的人作为体育消费者,在体育市场中寻求的体育产品与服务不同,据消费需求的不同,可将体育产业划分为多个类别,这里重点介绍以下几个体育产业类型。

1. 体育健身娱乐业

体育健身娱乐业主要满足体育人口的强身健体、娱乐休闲的需要,提供体育器械、运动场地、技术指导等服务的行业。体育健身娱乐业细分成两个产业。

(1)体育健身业:促进居民身心健康而组织、开展的各种体育活动、物质、服务。

(2)体育娱乐业:满足大众精神愉悦为目的开展的各种体育活动、物质、服务。

2. 体育竞赛表演业

体育竞赛表演业主要是以竞技赛事、体育表演为主要组织形式的体育产业,在体育竞赛表演业中,体育竞赛、体育表演作为商品在体育市场进行流通,通过观众观看竞赛与表演获得市场营利。

3. 体育培训业

体育培训业主要是为了满足消费者掌握运动知识和技能、掌握或者提高运动的技术水平的需要而提供各种培训服务的行业。主要包括两大方面:一是体育知识培训,二是体育运动技术培训。

4. 其他体育产业

体育产业内容丰富,随着体育产业的发展,还有更多的体育细分产业出现,如体育经纪业、体育信息服务业、体育数据分析业等。这些产业也和体育活动息息相关,如数据分析则是近年来随着互联网时代的来临不断推广、普及壮大的行业,随着我国体育事业的不断发展,越来越多的以数据分析为产品的体育数据的市场主体进入体育产业市场,为体育相关产品与服务的市场主体提供数据分析、参考,是数据分析与统计在体育产业中的应用的结果,进而使得数据统计行业自然也延伸到体育行业,并进一步促进体育产业的发展。

第二节　体育产业的属性及特征

一、体育产业的属性

(一)体育产业的第三产业属性

我国产业结构分为以下三种。

第一产业:农业,包括农业、林业、牧业和渔业。

第二产业:工业,包括制造业、采掘业、建筑业、水电油气等。

第三产业:服务业,包括商业、金融、交通、通讯、教育及其他非物质生产部门等。

对体育产业属性的问题研究尽管入手较早,但是,还没有一个统一的研究结论,究其原因在于,不同的学者对体育产业的认知分类不同,因此在产业结构划分方面,也会产生诸多类别归类方面的分歧,进而导致产业结构的不同。

在我国,一般认为,体育产业属于第三产业。

(二)体育产业的第四产业属性

有人认为,将体育产业划分到第三产业显得过于简单,如此并不能完全体现出体育产业的其他方面的社会价值,因此对体育产业就有了第四产业归属的讨论。

传统意义上的产业结构只有三个产业结构类型,即第一产业、第二产业、第三产业,第四产业是这三种产业之外的一种产业。

第四产业的提出,是产业划分理论中的一种新的观点,与传统的三类产业结构划分不同的是,第四产业与第一产业、第二产业、第三产业相区别,第四产业包括了上述三个产业的内容,但是又不属于上述任何产业中的一种,而是对上述几个产业发展的一种补充与完善,可以理解为上述三个产业的延伸。

就体育产业来说,体育的存在是人们生产生活之外的发展需要,为了满足这种发展性需要而存在的,因此,体育产业自身没有形成之前,人类社会发展是正常有序的,体育产业产生之后使得社会经济活动更加丰富,为人们的社会生活提供了更多的便利,也为经济创收提供了帮助,因此,体育产业相较于第一产业、第二产业来说,是服务于前两种产业的,同时,又有学者指出体育产业的属性是一种包含部分第三产业部分属性的综合化属性,它并不完全属于第三产业。因此,体育产业的属性不能仅仅是简单地划归到第三产业的范畴内,可以将其划归到第四产业当中。

对体育产业的第四产业属性认知具有以下理论研究特点。

(1)体育产业的第四产业归属的观点符合科学发展观,体现了科学发展观中的以人为本,这一产业归属和属性划分明确了体育产业对其他产业的支持与调节作用。

(2)在市场经济活动中,体育产业围绕体育活动存在与发展,用于满足个体的体育发展需要,同时,反映其与人们社会经济生活的必要联系。

(3)体育产业的发展可以促进人的自然性、社会性发展,可促进个人发展、社会经济发展。

现阶段,随着我国全民健身的持续开展,我国社会大众的体育参与热情日益高涨,体育健康消费投入逐渐增多,据有关数据统计,我国体育人口占比,从 2007 年 28.2% 提升到 2014 年 33.9%。《全民健身计划(2016—2020 年)》提出 2020 年经常参与体育锻炼人口数达 4.35 亿人的目标,健身人群规模的持续壮大,充分拓宽了体育产业需求端口,可进一步有效刺激体育产业供给能力的提升,体育市场发展前景广阔。

二、体育产业的特征

(一)世界体育产业的特征

1. 高度商业化

体育产业的高度商业化是其发展的主要特征之一。体育产业在国民经济中发挥着重要作用,可有效促进经济增收,正是因为其自身的商业盈利和带动其他产业的发展。现阶段,体育产业已经渗透到了人们生活的方方面面,涉及人类生产、生活的各个行业。

竞技体育的职业化和商业化,促进了体育活动更多地与社会经济发生某种联系,这就使得体育的社会经济发展和促进作用日益显著,体育活动所创造的经济价值日益被得到重视。各种商业体育竞赛的举办更是能为竞赛举办地(国家和城市)带来良好的竞赛收入,并能带动相关产业发展,这也正是各国争相举办各大国际性品牌赛事,如奥运会、世锦赛、世界杯等的重要原因。

2．产业产值高

当前体育发展深入人心，也得到各国的重视，随着社会经济的发展，人们的体育发展需要日益增强，体育产业由此获得了更加广泛的体育消费者群体，拥有了不断扩大的体育消费市场，同时，体育产业对环境污染少，更受推崇。

从体育产业的发展来看，各国体育产业也确实在国民经济中发挥了重要的产业增收价值。如今，全球体育一体化背景下，体育在各国的本国经济和世界体育交往中也发挥着重要的作用，体育产业产值高使得体育产业成为经济发展新宠。

3．影响面广

在当前世界体育一体化发展背景下，一个国家和地区的体育活动可能会在世界范围内同一时间引发广泛的影响。随着信息化的发展，这种影响更加广泛和显著，"体育无国界"，全世界各地人们在身体活动参与方面没有任何的交流障碍，现代信息技术的发展更加放大了体育活动的影响，国际性体育赛事（如奥运会、世界杯、NBA、网球公开赛等）的举办不仅在举办地会产生广泛影响，更是世界各地体育爱好者的共同狂欢。

4．从业人数多

体育产业影响面广，与其他产业联系紧密，因此可以提供更加多的就业机会，对于缓解社会就业压力，稳定社会安定、促进社会关系和谐具有重要的促进作用。

(二)我国体育产业的特征

我国是社会主义国家，我国的经济为社会主义市场经济，经济环境的不同，决定了我国体育产业发展与西方体育产业发展有着根本的区别。

我国体育事业与体育产业具有以下属性和特点。

1.公益性与福利性

在我国计划经济条件下发展起来的体育,具有鲜明的社会主义特色,是国家的一项重要的社会事业,体育事业更注重社会效益,具有公益性和福利性,其主要任务是满足社会精神文明的需求。

在我国长期商品经济条件下,体育产业顺应市场经济的发展,具有了商业性质,但是体育产业的社会性仍然发挥着重要作用。体育的社会价值对我国社会发展具有重要影响。

2.商业性

体育产业注重经济效益,具有商业性质。

(1)体育产业的市场主体的经济活动,其根本的经营管理目的是获得经济效益。

(2)在社会主义市场经济条件下,兴办事业不交税,但是办企业需要交纳相应税款。

(3)体育市场中的从业企业参与市场活动,接受市场经济规律的调节,趋利避害,市场实现对体育资源的自由调配,企业重视成本控制、追求最大经济效益。

需要特别提出的是,体育市场中的从业企业追求经济效益,但不能忽视社会效益、环境效益。

第三节　体育产业相关概念解析

一、体育产品

(一)体育产品的概念界定

体育产品有广义和狭义之分,广义的体育产品是开展体育活动的最基本的物质和服务,狭义的体育产品指体育用品,是从事体育活的的物质商品。

(二)体育产品的属性

体育产品是商品的一种,具有和一般商品一样的特征和属性,除此之外,它还具有以下特殊内涵。

(1)体育属性。体育产品是人们从事体育健身、体育竞技运动、体育休闲娱乐等的基本物质条件和服务,与体育密切相关。

(2)专业性。体育产品与体育运动项目、运动技术的发挥等密切相关。

(3)高消费属性。从体育产品所在产品类别来看,体育产品属于消费品范畴。

二、体育市场

(一)体育市场的概念界定

体育市场是人民进行体育商品和体育劳务教育的场所及其形成的有机联系[①]。可以从以下几方面来深入理解体育市场。

(1)体育市场是一个空间的概念,是体育交易的场所。现代信息时代,在互联网技术的作用下,人们可以在网络虚拟的空间里完成各种交易,因此,体育市场还包括网络空间交易场所。

(2)体育市场上所买卖的对象,除了有形的体育用品,还包括无形产品,诸如体育劳务、比赛转播权等。

(3)体育市场包括体育市场本身和维持体育市场正常运行的政策、制度环境。在体育市场中,市场经济行为的正常开展和运行必须受到相应的政策和制度的保护、约束,否则将受到不正当的竞争、暗箱操作等行为的影响。例如运动员的转会,需要相应的转会制度制约,需要规范不当交易行为。

---

① 吴超林．体育产业经济学[M]．北京:高等教育出版社,2004.

(二)体育市场要素

一个完整的体育市场必然包括以下四个要素。

1. 体育市场主体

体育市场主体,具体是指体育商品和劳务买卖交易的双方,即体育市场的供给者和需求者,如运动员、企业、俱乐部等。

体育市场主体对体育市场具有决定性作用,具体表现在以下几个方面。

(1)体育市场主体数目的多少决定了体育市场规模的大小。

(2)体育市场主体规模的大小与体育市场竞争的激烈程度呈正相关关系。

(3)体育市场主体的多样性既决定了市场的广度,又决定了体育市场的深度和弹性。市场主体缺乏多元性,会导致垄断的产生。

2. 体育市场客体

体育市场客体,即市场主体的交易对象,是体育市场中的各类商品、标物。

(1)体育实物产品:如体育器具、器材。

(2)体育服务产品:专指体育服务,包括场馆服务、赛事转播服务、中介服务等。

在体育市场中,体育市场的主体与体育市场的客体二者之间共同构成了体育市场交易活动中的两个重要构成要素,再加上体育消费者,三者就有形成体育交易的可能。

3. 体育市场媒体

"媒体",即"中间人",从事体育中介服务。体育市场媒体的出现使得体育市场经济活动的完成过程更加快捷和便利。体育市场中,最常见的体育市场媒体就是体育经纪人和中介机构。

在体育市场中,经纪人和经纪机构的出现是体育产业发展成熟的一个重要标志,也是体育市场发展的必然。随着体育市场的不断发展,体育市场的制度规则的不断精细,因此,在当前体育市场交易中,要想实现交易过程中自我利益的最大化,就必须尽可能地全面地掌握各种体育信息,并充分了解体育市场的特点和发展规律,提高市场经济活动的经营与管理能力,只有这样才能在市场交易双方的委托中,实现客户利益最大化。

4. 体育市场的价格

在体育市场中,只要存在交易,都会涉及价格问题,体育市场的主体双方(或者委托媒体)针对市场客体这一标的物进行谈判和交易,最终确定的交易标价便是体育商品的交易价格。

在体育市场中,价格的形成有以下三种情形。

(1)自由定价:交易的主体双方遵循市场竞争原则自愿撮合成交。

(2)公共定价:用于交易的体育产品往往属于公共物品,比如,公共运动场馆采取免费使用或者实行部分收费。

(3)管制价格:交易双方虽然可以自由谈判,但是最终的成交价格必须符合政府价格管制政策的要求。

体育市场的主客体、媒体和价格之间的关系如图1-3所示。

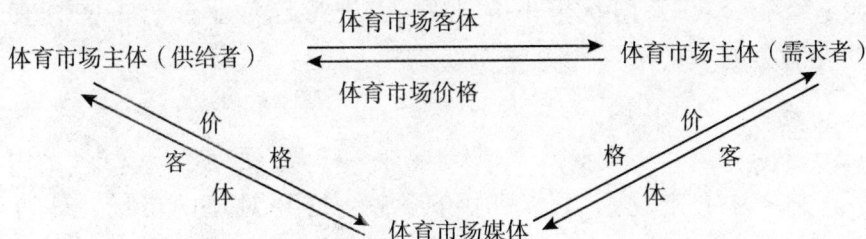

图 1-3

(三)体育市场类型

1. 体育劳动力市场

体育劳动力市场,又称体育主体市场,体育劳动力市场构成了体育产业的主体和基础,其他体育市场都直接或间接的以它为中心。

在体育劳动力市场中,劳动力主要是指运动员、教练员、裁判员、经纪人,其中,运动员是体育尤其是竞技体育的主体。

体育劳动力市场的主体双方分工表现如下。

(1)劳动力提供者

技术专业类的劳动力,他们所具有的这些技能是人力资本。按照人力资本,如运动员、教练员和裁判员等。

(2)劳动力需求者

俱乐部、体育组织、经纪公司等是体育劳动力市场的需求者,具体细分如下。

俱乐部:体育主体市场的主要需求者,与运动员、教练员等属于契约关系,双方的交易受一整套严格的法律制度约束。

体育组织(包括政府):与俱乐部相比,与运动员、教练员等之间的关系只是准契约的,如与海外俱乐部签约的本国球员,经与该俱乐部协商同意就可随时被本国体育组织召回,无偿参加比赛。

经纪公司:专门从事中介业务,也进行自营业务与一些具有发展潜力的运动员签约再转卖获利。

2. 体育中介市场

体育中介市场是以体育中介服务为交易对象的市场。体育中介服务的内容包括体育鉴证类、咨询类以及各个体育市场上的媒体(中间人)。

(1)体育中介市场需求者:政府、企业和个人。

(2)体育中介服务供给者:各类体育经纪公司、体育经纪人。

体育中介服务是一种非实物商品,影响体育中介服务定价主要包括以下两方面的因素:第一是体育中介服务所耗费的物质资本和人力资本,这部分往往也是体育中介服务商的主要运营成本;第二是中介服务需求者对体育中介服务的满意度。

3. 体育用品市场

体育用品市场是体育物质产品交易流通的场所。

(1)体育用品市场的主体

体育用品市场的主体包括政府、企业、各类社会团体以及家庭等,它们构成了体育用品市场的供给者和需求者,供求双方规模的大小主要取决于经济发展水平的高低。体育用品主要是满足人们对休闲的需求,因此,体育用品市场主体规模的扩大受经济发展影响,一般来说,经济越发达,民众的体育消费需求越大,对体育用品的消费越多。

(2)体育用品市场的客体

在体育用品市场中,客体门类广泛,小到一个鱼钩,大到现代化的巨型体育馆。提供上述体育用品的企业涉及制造业、建筑业、食品饮料业、医药业等。

体育用品市场客体的多样性,是由体育市场主体的多元化体育消费需求所决定的。同时,体育用品的丰富性也刺激了体育市场主体的多元化。

体育市场主体与客体的多元化诱发了该市场媒体的成长,体育用品市场最主要的媒体就是会展业。体育用品市场主体、客体以及媒体的有机联系,对于体育用品市场的成熟度具有重要的贡献。在国际体育用品市场中,市场主体的竞争主要集中在品牌竞争上。

4. 体育娱乐市场

体育娱乐市场的客体是体育娱乐这一非实物产品。体育娱乐历史悠久,各种体育游戏、表演等都属于体育娱乐,结合法国学者罗歇·苏的娱乐理论,广泛的体育娱乐包括四类(表1-1)。

表1-1 体育娱乐分类

娱乐分类	娱乐内容
身体性体育娱乐	如太极拳、健美操、登山等,运动健身快乐
实用性体育娱乐	装饰、缝纫、编织等各种 DIY 活动
社会性体育娱乐	运动与交友合二为一的体育活动
文化性体育娱乐	通过体育传媒的体育信息刺激获得乐趣,如欣赏歌舞表演、观摩体育比赛等

(1)体育娱乐市场供给者:体育娱乐公司、政府、社区体育娱乐团体。

(2)体育娱乐市场需求者:家庭、企业,政府及各类社团组织。

经济学研究表明,体育娱乐属于闲暇需求,而闲暇需求受收入影响,而收入又取决于劳动,劳动与休闲之间此消彼长,闲暇、劳动与生产力之间也存在较为复杂的关系(图1-4)。

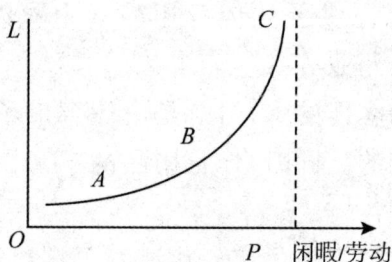

横坐标:闲暇与劳动的比率
纵坐标:生产力水平
曲线 ABC:随生产力的提高,越来越多的休闲替代劳动
直线 P、L:闲暇对劳动的极限替代率。

图 1-4

当前社会,已经进入休闲社会,整个世界范围内的生产力水平迅速提高,人们有能力让更多的闲暇替代劳动,体育娱乐市场也日渐兴盛,在西方经济和体育发达国家,体育娱乐业已经成长

为支柱产业。

5. 体育传媒市场

传媒就是借助印刷、影视、广播和互联网等媒体进行信息和知识的传播。体育传媒市场是媒体与媒体之间、媒体与受众之间以及媒体与其他组织机构之间就体育及其相关信息的传递、接受而进行交易的场所。可见,体育传媒市场的客体是体育信息。

(1)体育传媒市场供给者:各类媒体。包括电视、广播、报刊、手机短信、网络等媒体。

(2)体育传媒市场需求者:受众或其他机构。在当前信息时代,媒体样式多元化,同时发展速度惊人,日新月异。随着信息发展的不断成熟和体育对信息依赖程度的不断提高,当前体育传媒市场已经进入了一个多种媒体相互合作博弈的时代。

当前,我国的体育传媒市场还处于启蒙发育阶段,经济一体化和体育全球化发展背景下,我国体育传媒业应顺应"竞和"的时代潮流,积极谋求与国外媒体的合作,在合作中壮大,在合作中竞胜。

6. 体育博彩市场

(1)体育博彩市场客体:各类投注项目的中彩期望。期望,是"运气"的概率估计,体育博彩市场买卖的是"运气"和"潜在机会",载体为彩票。体育彩票的定价主要取决于对彩票的实际中奖概率的估算,其特征是"小面额"博"大奖"。

(2)体育博彩市场供给者:博彩公司以及其他机构(如基金会等)。

(3)体育博彩市场需求者:彩民。

体育博彩在国际上已有近200年的历史,目前全世界有一百多个国家发行体育彩票。体育博彩投注的项目广泛,涉及各类球赛、赛车、拳击赛、赛马等。投注的方式也多种多样,有电话投注、电脑投注、存款委托投注、发行现场投注、入场券连带投注等。

由于博彩存在规模经济,因此,体育彩票的供给者往往借助专业的彩票发行与销售公司的中介服务完成发行。

7. 体育旅游市场

体育旅游市场是体育与旅游二者综合发展形成的市场,是随着体育事业的发展而逐渐兴起的,随着我国全民健身的持续开展,民众健身休闲观念发生了变化,体育旅游市场在我国拥有广阔的发展前景。

当前,体育旅游市场项目丰富,主要有如下几类。

(1)休闲体育旅游:钓鱼、登山、冲浪、骑马、高尔夫、跳舞、游泳等。

(2)健身体育旅游:保龄球、网球、健美、溜冰、台球、潜水、羽毛球等。

(3)体育观战和大型赛事旅游:观看奥运会旅游、亚运会、世界杯、观看 NBA 旅游、观看其他大型球赛或运动会旅游等。

(4)极限体育旅游:蹦极、狩猎、激流、攀岩、森林探险、秘境旅游等。

(5)竞技体育旅游:帆船、滑雪、射箭、滑翔伞等。

三、体育消费

(一)体育消费的概念界定

体育消费是指人们用于体育活动及其相关方面的消费行为和过程。体育消费有狭义和广义的区分。

狭义的体育消费主要指直接参与体育活动中的消费,包括购买运动装备,如服装、鞋类、帽子等,包括购买门票观看体育赛事和活动,包括参加健身、武术、游泳等技术培训课程,包括购买体育器械,如跑步机、杠铃等;而广义的体育消费是指在参与体育运动中所花费的一切费用。例如,我们去外地观看体育赛事就要涉及到做火车、租旅馆,这就需要支付交通费、餐饮费、住宿费等,这些属于广义的体育消费范围。

(二)体育消费的影响因素

1. 收入水平

收入决定消费,这是一个非常容易理解的一对关系,个人和家庭的收入会在很大程度上影响个人和家庭的消费。

根据马斯洛的需求理论,个人在满足了基本生存需求后才会有更高层次的精神性发展性需求(图1-5)。体育消费属于一种精神性的发展性的需求,因此,只有人民生活水平提高、个人和家庭收入增加,才会有多余的支出用于体育消费。具体来说,对于普通人(可看做是非体育迷)来说,体育消费品并不是生活所必需的,因此,只有人们的收入水平达到一定的程度且在满足生活日常后有剩余,这类普通人才可能会把目光瞄准到体育消费上。一个每月收入只能满足自身温饱的普通家庭或个人,不可能去节衣缩食的把为数不多的钱花在体育产业上(除非这个家庭有意愿投身于体育事业中)。

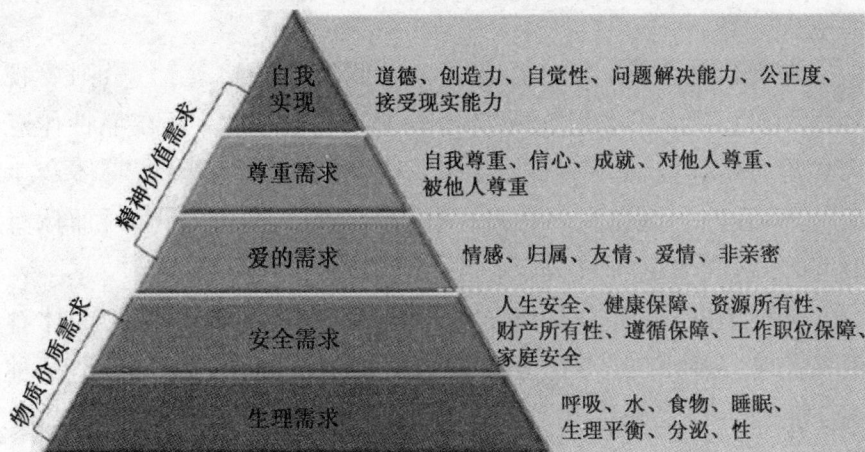

图1-5

收入对体育消费的影响还表现在收入水平决定着消费档次。例如,收入水平高的人对正常品需求量大,对低档品的需求量小;反之,收入水平一般的人对正常品需求量低,对低档品的需求量大,只能享受到运动的基本。当消费者收入水平提高,眼界就会提高,会选择购买专业、著名品牌的运动器材与装备,会选择正规的运动场地进行体育运动。收入水平的高低对消费者选择运动场地的影响,也就间接影响了一个地区体育活动场所建设的档次和规模问题。比如本地区居民收入水平较低,就可以多建一些基础的运动设施;若本地区居民收入水平较高,就可以建一些高档的体育设施和场地。

2. 休闲时间

就人的自然生命周期来说,人的一生是有限的,用来劳动获取报酬的时间也是有限的。一个人的时间基本在做两种事情,要么在工作赚钱,要么处于业余时间来放松。在有限的时间内,工作和业余是相对的。所以,当一个人工作的工资率上升时,业余时间就更显可贵。因此,工资率的上升对业余时间存在负的替代效应,简单来说,如果一个人的工资率提高了,他就会多去工作,而减少休息。

在现代社会中,人们更愿意去赚钱还是更愿意休息,则要视具体情况而定。从发达国家的经验来看,人们通常是在牺牲休息为代价去增加收入,一旦收入水平达到一定的高度后,身体产生疲劳感,人们会迅速想要休息,同时希望减少工作时间,增加休息时间,当然收入也会减少。

体育消费,通常是在消费者休息时进行的。所以人们的体育消费需求往往不同于对其他生活商品的需求。休闲消费是一种基于生产生存之外的消费,并非生存生活必需,是一种享受和发展性消费,因此,进行体育消费,不仅要"有意愿""买得起",还有有时间去消费。体育消费是一种体验式消费,需要亲身投入到体育运动中去,观看一场精彩的体育比赛或演出,试想,一个休息时间寥寥，大把精力都在工作的人，也不可能有参加体育运动的动机和意愿。

体育消费可促进个人身心健康，参与体育健身活动、观看体育竞赛，多花一些时间投入到体育运动当中去能够改善健康状况，增强体质，减少患病概率，这些价值和意义都是在工作收入中得不到的。由此来看，当人们的收入水平提高到一定的程度并且持续性地维持这一水平时，人们更加渴望去追求身心健康，体育消费动机会越强烈。

3. 消费方式

消费方式是影响体育消费结构的重要因素之一。

作为一种享受性消费，有很多人认为，体育消费品是一种奢侈品，没有体育消费也不会影响日常生活，但当居民获得更多的收入后，在满足日常生活后会剩下一些收入，他们是否愿意把这部分剩余收入消费在体育中，这就跟居民的消费方式有关了。有些地区的居民因为地方传统或者是家庭习惯，崇尚节俭，把收入剩余或存起来或参与到金融理财的投资中，希望能获得更多的资金，这一地区的体育产业就不温不火，得不到有效的发展。而有些地区的居民则更注重生活的水平和质量，体育消费所占个人和家庭支出比例较高，这些地区的体育产业发展形势就好。

消费方式受社会阶层和政策的影响，因此，消费者的社会阶层和居住地的政策影响也是影响其体育消费的两个重要因素。

首先，在不同社会阶层中，个体的社交范围不同，处于相近的社会阶层的人，消费观念和消费习惯就相同或相似。社交圈决定着人的消费观念和消费习惯。当下社会每个人都处于一个又一个的圈子之中，处于同一个圈子的人往往会有相似的体育消费观念（比如球迷圈），圈子中消费观念不同的人也可以互相交流、沟通。

其次,体育消费取决于当地国家政府的宣传效应。在我国,2009 年制定的"全民健身日"把每年 8 月 8 日作为全民参与健身活动的日子;北京、张家口成功申办 2022 年冬奥会后,习近平总书记号召"三亿人上冰雪",为响应国家的号召,很多人都投身于冬季体育运动中去,参加滑冰、滑雪等冰雪运动成为新的潮流与风向。这种现象,不光推动了体育产业的发展,也带动了城市的经济提高,比如崇礼,从一个默默无闻的地区变成了门庭若市的滑雪胜地,因为滑雪运动带来巨大经济创收,使得一些城市、地区的生产总值大大提高。

4. 兴趣爱好

个人的兴趣爱好会影响个人的体育消费动机和行为,个人的职业、兴趣爱好、性格等,表现在体育消费行为中会有显著差异。一般的,是否热衷于体育消费首先取决于兴趣爱好。当一个人喜欢某些体育项目,是某支体育队、某位体育明星的支持者,往往愿意亲身去参与这项运动或者去观看和欣赏这项运动,他才会主动去在体育消费上投入,如购买球鞋、球拍、运动服等,在运动场上参与体育运动,去体育场馆观赏体育赛事和表演等。但是,任何兴趣都具有可转移性,有人三天打鱼两天晒网,没多久就失去对某项运动的兴趣;有的人是因为支持的球队在某场重要比赛中失利,心里受到伤害,从而心里排斥这项运动;还有的人是因为支持的体育明星做出不好的事情,带来负面影响,从而就失去对该明星的欣赏,也失去对这项运动的兴趣。

5. 行为动机

动机是个人的重要心理活动,一个人参与体育的动机会影响其体育消费方式与消费程度。

不同体育消费者的体育消费动机本身具有多面性,只是对不同人群而言,某一动机可能表现得更为强烈。不同年龄的人群参与体育的动机分析来看,老年人在体育上消费是为了追求晚年健康;青年人,如白领阶层的一些体育消费,比如去健身房锻炼、观看体育演出,有些是为了健身健美(例如增肌或者减肥),有些是为了社交娱乐;青少年可能是为了攀比炫耀,如看到同学的运动鞋很好看,就要买款运动鞋。

第四节　体育产业相关理论分析

一、体育消费理论

(一)体育消费水平

体育消费水平是指人均体育消费量。居民的体育消费需求决定着体育产业的产生与发展,研究居民体育消费问题,可了解本国和本地区体育发展现状与趋势。

一个国家和地区的体育消费水平可用货币表示,这是因为,人们是以货币购买力表示的人均体育消费资料和劳务的,但是必须说明的是,单纯以体育消费货币支出来评判一个国家和地区的体育消费水平,是不全面、不科学的。具体来说,用货币的购买力表示的人均体育消费资料和劳务的数量来测算体育消费水平,是使用人均的测算,忽略了人的收入因素和人的消费偏好的变化,也就不能反映由于收入的变化和人们的消费偏好变化而引起的体育消费水平变化。因此,体育消费水平的测算在充分考虑货币价值和消费者偏好的情况下,运用绝对量和相对量两种方法综合测量与评定国家和地区体育消费水平。

用人均体育消费资料和劳务价值的绝对量来测算一国居民在特定年份的体育消费水平,除去了通货膨胀因素,计算公式如下:

$$\text{一国居民某年的体育消费水平绝对量} = \frac{\text{以当年价格计算的人均体育消费资料和劳务的价值}}{\text{国民生产总值(GNP)折算数}}$$

国民生产总值折算数是重要的物价指数之一,计算方法如下:

国民生产总值折算数＝某年的名义 GNP/某年的实际 GNP

运用时间数列资料,还可以进一步对一国居民收入水平变化与体育消费水平变化进行相关性分析,计算公式如下:

$$\frac{一国居民某年的体育}{消费水平相对量} = \frac{人均体育消费资料和劳务的支出总额}{人均消费支出总额}$$

(二)体育消费结构

所谓体育消费结构,具体是指体育消费者在一定时期内(通常是一年)所有体育消费资料的构成比例,也可以看出体育各项花费占总消费的百分比。具有以下几种分类方法。

1. 按消费目的划分消费结构

(1)中间消费:体育企业把体育消费品作为中间投入品进行购买,通过客户使用体育消费品所产生消费为企业带来利润。

(2)最终消费:消费者为了满足自己身体健康和心情愉悦的需要,一旦购买体育消费品,全部投入到使用商品的过程中去,在商品被消费者购买后,其消费资料的自然形态和价值形态也会自然消失。

2. 按消费支出划分消费结构

(1)个人消费:为了满足自己需求主动购买体育消费品的消费行为。

(2)社会公共消费:政府为开展全民健身,在财政预算中设立专项经费建设和维护全体公民免费使用的公共体育设施,组织丰富多彩的公共体育活动等。

3. 按消费性质划分消费结构

(1)实物性体育消费:体育消费者在运动器材、服装、装备、纪念品等方面的消费。不同消费品之间是不能互相替代的,如各种项目的运动器材。有些体育消费品、可在平时生活中使用,如运动服装,有些人虽不是体育爱好者但也会购买运动复杂,如在有些年代因为体育运动的兴起,运动服装引领了时尚。

(2)观赏性体育消费:体育消费者花钱购买各种体育赛事、表演、展览的门票。

(3)参与性体育消费:体育消费者购买到参与特定组织内的体育活动并享受到相应服务。如办理俱乐部健身卡,获得健身知识与技能培训。

二、体育产业组织理论

(一)体育产业的市场结构

1. 体育产业市场结构的类型

体育产业的市场结构有多个类型,结合不同的分类标准,可以将体育产业市场进行不同的细分,这里重点介绍以下几种市场结构类型。

(1)完全竞争市场

在体育产业市场中,完全竞争市场存在大量的体育消费者和体育市场主体,在体育市场中,买卖双方参与交易的商品对体育产业的总体市场的影响微不足道,每一桩市场交易都不会影响总体价格,他们遵守市场规律,不能决定和影响体育产业市场。

完全竞争市场的特点主要表现为产业集中度低,价格同一性高,产品可替代,市场资源流动性高,不存在任何进入和退出壁垒。

完全竞争市场是一种理想的市场类型,现实中并不存在。

(2)垄断竞争市场

垄断竞争型市场由大量的小规模企业组成。如各种商业俱乐部,会员制的体育社区。这类组织的经营的目的是通过体育消费者来参与俱乐部内的体育项目、体育活动来获取最大化的利润。由于各个市场主体所提供的体育消费项目大体上都相似，偶尔有个性化设施与服务，再加上营业方式、设施装备都相似，因此，各市场主体会为了争取本地客户展开激烈的竞争，并积极制定各种市场营销计划吸引消费者。

垄断竞争市场的特点是垄断程度低，市场的进入和退出壁垒不仅程度低，竞争性比较高，小企业能很容易进入市场与老企业、大企业竞争，但是小规模企业自身实力有限，很难形成与竞争对手的差异性，竞争维持时间短。

垄断竞争市场目前在我国体育产业中较为普遍。

（3）完全垄断市场

完全垄断是指该领域内只有一个生产者的市场结构，被一家体育组织所经营和管理，由一家体育组织完全控制着该项目所有赛事、组织、运营等一切方向，其他的相关组织都不能干预、介入。

完全垄断市场最为典型的特征是由唯一组织垄断某个体育赛事，形成完全的市场进入与退出壁垒，没有任何竞争者，保证高额的垄断收益。

世界范围内，体育完全垄断市场广泛存在，如国际足球联合会就完全垄断着世界杯举办的一切权利。在我国，一些非常著名的体育赛事的版权也会出现完全垄断。

（4）寡头垄断市场

寡头垄断市场具体是指在市场中，销售者为数不多，只有少数几家企业或组织提供整个行业的产品，每一家企业占了市场总额的相当份额，对市场价格和数量都有着影响。从体育产业的主体经营和主营业务来看，体育产业可以分为竞技体育经营业、体育用品业、体育广告业、体育娱乐业、体育彩票业、体育建筑业和体育旅游业，其中前三种产业具有寡头垄断特征。

体育经营业的寡头垄断特征从体育行业提供的服务产品上来看非常明显。寡头垄断市场的不同垄断组织控制项目不同，但竞争激烈。由于可在相同的时间节点在不同的地方同时进行着体育赛事十分常见,则必然会导致消费者产生分流,故而赛事组织者之间都会为争取自身的最大利益而与其他赛事组织者展开激烈的竞争。经过多年来的不断的探索和改进,每一个体育垄断组织的运行机制都逐渐完善,形成了一种独立的赛事机构。寡头垄断市场具有很深的进入和退出壁垒,这种市场格局形成后,组织内的成员想退出是十分困难的,而想加入组织也要经过严格的申请、审批程序。

寡头垄断市场结构在体育市场中广泛存在。

2. 体育市场结构影响因素

（1）市场集中度

市场集中度是指产业生产经营集中程度,是可量化的指标。

体育市场结构研究中,市场集中度通常用行业中比较大的、主要的企业的产量、销量等要素占整个行业的比重来表示。如果某企业的某些因素占整个行业的比重高,则表明该企业的经济支配力强,垄断力强,行业市场集中度高。

市场集中度的影响因素主要有以下三个。

企业规模:市场容量一定的情况下,企业规模越大,市场集中度越高。

市场容量:市场容量与市场集中度呈反比。市场集中度会随着市场容量的扩大而降低,也会随着市场容量的缩小而升高。随着我国体育事业不断发展,体育产业市场容量在不断扩大。

产品差别化:行业内部不同企业生产的相同类别的产品的各方面差异,由于这些差异的存在,使得各产品相互不能完全替代。产品差别化的影响在于消费者的多元选择。

（2）市场进入与退出壁垒

在产业的市场形成之后,就自然会出现市场主体的入市和出市,因此就有了市场进入和退出壁垒。市场进入和退出壁垒反映了特定市场中潜在、动态的竞争与垄断的程度。

①进入壁垒

进入壁垒是新企业与既存企业竞争可能遇到的各种不利。进入壁垒包括以下几个因素。

绝对成本优势：在特定的产量水平上，既存企业比新企业所花的成本要低。既存企业的绝对成本优势主要来自于生产技术的控制，优先获得稀缺资源的能力，以及从供应商常年合作而获取到的更低廉的价格。

规模经济：新企业踏入行业初期，很难扩大生产规模从而去提高经济效益，生产成本与既存企业相比要高得多。

产品差别化：在产品差别化程度较高的行业中，既存企业通过长期的努力，在行业内站稳脚跟，已经形成自己的品牌，新企业想要争夺用户，需要付出代价。

政府政策和法律：如政府对既存企业的进出口许可，对不同企业进行差异性的税收，对产业规模的控制政策等，可能为新企业入市造成障碍。

②退出壁垒

退出壁垒是指企业想退出某个产业或市场，因为种种因素阻挠，难以退出的情况。退出壁垒由资产的专用性和沉没成本、解雇费用、政府政策法规限制构成，各项内容具体不再分析。

(二)体育产业的市场行为

1. 竞争行为

在任何一个产业的市场中，市场主体的竞争行为都是必然存在的，如果不竞争则市场主体就无法在市场中持续生存。市场主体的竞争行为主要有以下几种。

(1)定价行为

体育企业或组织采取成本加利润的定价模式、价格领先制定价模式，若去追求更高的市场占有率，该企业或组织则主要采取降价策略为主的竞争性定价模式。

在市场竞争不高的体育市场中,市场供求关系稳定,企业多是实施成本加利润定价法,企业就能获得预期的利润。这种定价方法简单但容易太过主观。

在寡头垄断的市场中,企业定价一般采用价格领先制定价模式。体育市场中,有些领导企业根据自己对市场行情的推断和预测改变定价,其他企业基于对领导企业的信任感,也跟随领导企业改变定价。简单来说,就是一家体育企业或组织率先改变价格,其他寡头随后依次改价。

（2）广告行为

广告有信息性广告和劝说性广告之分。信息性广告主要在于向消费者提供关于产品的基本信息、产品的优点和特色、产品的销售地点、售后服务等方面的信息。劝说性广告主要让消费者被产品所吸引并产生好感,激发潜在消费者进行消费。

在当前的体育市场上,竞技体育经营业的广告行为比较复杂。以大型赛事为例,具体细分如下。

首先,大型体育赛事既需要广告宣传,又是其他企业广告宣传的载体。这个特征是生产实物性产品的企业不具备的。大型赛事的举办,会成为全世界瞩目的焦点,因此也有很多企业争夺大型赛事的争夺权。

其次,大型体育赛事影响力广泛,综合效益高,是一个国家或者城市宣传自己的大好机会,也会刺激和拉动当地产业的经济发展,往往会得到政府的高度重视和巨大支持,因此,政府的政策倾斜也会为赛事组织机构节省宣传成本。

最后,大型赛事本身具有一定的品牌效应,如奥运会、国际足联世界杯、中超联赛、欧冠联赛、CBA 和 NBA 等,在普通居民中也有一定的知名度,这种大众知名度可降低赛事组织机构对赛事的传播、宣传、推广费用。

（3）兼并行为

所谓企业兼并,具体是指两个以上的企业根据法律契约关系进行合并,并优化生产要素。企业兼并往往是强强联合,所以能大幅度提高市场集中度,从而增加进入壁垒,兼并后的企业能增强市场支配力量,进而产生市场垄断。

企业兼并主要有以下三种类型。

①横向兼并,也称为水平兼并,兼并企业间属于同一产业、生产同一类产品。

②纵向兼并:也称为垂直兼并,进行兼并的企业之间往往存在产品生产流程上的前后关系,分别处于产品在生产到推向市场这一系列环节中的不同阶段。

③混合兼并:也称为复合兼并,进行兼并的企业所处行业不同、主营业务上没有任何关联、产品完全不同。

2. 协调行为

竞争与合作是市场的基本关系,体育市场也不例外。

在体育市场中,企业的价格协调行为具体是指体育组织或企业之间就其所提供的产品的价格决定问题相互协商并采取共同行动。体育市场的价格协调行为主要有两种,即卡特尔和价格领先制。

在寡头垄断体育市场中,任何体育组织或企业的收益不仅取决于其自身,而且要受到其他体育组织或企业决策和行动的影响。

卡特尔是以限制竞争、控制市场、谋求最大化的利益为目的的体育组织或企业通过共谋或串谋的形式进行的一种价格协调行为。

此外,需要指出的是,体育市场上的非价格协调行为同样是通过共谋或串谋的形式实现的,在方式上与卡特尔差别不大。

三、体育产业关联理论

(一)产业关联及其理论

1. 产业关联

产业关联,是指经济活动中各产业间存在的广泛的、复杂的、密切的技术经济联系,主要包括产业之间投入产出、供给需求方面的数量关系。投入品和产出品可以是实物形态,也可以是价值形态。

详细来说,在生产过程中,产业内生产部门需要其他部门提供中间产品或最终产品,这样才能够完成相应的生产活动。在生产过程中,生产部门也会将自己生产的产品提供给其他部门。这种产业部门之间的相互供给和需求的关系就是产业关联。

简言之,产业关联就是产业间以投入品和产出品为联结纽带的量化比例关系。

产业关联理论及其方法是以美国经济学家里昂惕夫所开创的投入产出经济学为基础建立起来的,它借助于产业联系表对产业之间在生产、交换、分配上发生的联系进行分析和研究,从而得出产业之间的数量比例的规律性。

产业关联理论应用广泛,可用于分析各种不同的经济问题,而且能够为政府部门制定和执行各种经济政策提供重要的决策依据。

2. 体育产业关联

体育产业关联,指在体育产业中的各部门在运行中的各种投入产出关系的总和。体育产业关联体现了体育产业内部各个部门发展的基本情况;也体现了体育产业内部各部门之间的数量比例关系。

从纵向关系来看,体育产业内部的不同部门之间同样存在着非常广泛的联系。以竞技体育经营业为例,赛事经营,很多方面因素要准备齐全,万事俱备才能正式举办,呈现给观众赛事盛宴,在赛事举办中,赛事经营管理者需要与体育场地经营、服务、体育经纪、体育金融保险、体育广告等关联产业部门打交道。

(二)体育产业关联方式

产业关联通过产品、劳务、生产技术、价格、劳动就业、投资等联系等进行关联。产业间有着牵一发而动全身的关系,某一产业变化必然通过这些纽带带动其他产业的发展变化。

1. 前向联系、后向联系和环向联系

前向联系、后相联系和环向联系是因供求联系产生的关联。具体解析如下。

(1)前向联系:产业中的某一部门通过供给联系与其他产业部门发生的联系。例如,A 生产过程中接收或利用 B 的产出,对于 B 而言,与 A 的联系就是前向联系。

(2)后向联系:某一产业或部门通过需求联系与其他产业部门发生的联系。例如,C 的生产经营向 B 提供了产出,B 与 C 是后向联系。

(3)环向联系:经济活动过程中各产业或部门内部之间依据前向关联和后向关联关系形成的产业联系链条关系,比如生产部门、销售部门和产品维修部门就是环向联系。

2. 单向联系、双向联系和多向联系

单向联系、双向联系和多向联系是因技术和工艺上的方向和特点而产生的关联。

(1)单向联系:一系列产业部门之间,先行部门为后续部门提供产品,后续部门生产时直接消耗,不再将产品返回给先行部门。

(2)双向联系:一系列产业部门之间,先行部门为后续部门提供产品,后续部门的产品也返回相关的先行部门的生产过程。

(3)多向联系:一系列产业部门之间彼此的相互产品提供和复杂交叉的关联。

第二章　体育产业发展现状与政策环境

　　我国体育产业虽然与世界体育产业相比处于产业发展的初级阶段,但是体育产业在我国正处于蓬勃发展的上升期,体育产业在我国市场经济条件下和社会主义体育事业发展中拥有良好的发展机遇,再加上我国近年来对体育发展的重视推出了许多促进体育事业和体育产业发展的政策,为我国体育的发展创造了良好的政策环境。本章就主要对我国体育产业发展的现状与政策环境进行系统分析,以为新时期进一步探索我国体育产业的科学可持续发展有更加宏观和清晰的认识和认知,进而为制定体育产业发展的科学策略提供参考。

第一节　我国体育产业发展现状

一、我国体育产业的国内发展现状

(一)我国体育产业的空间发展

　　我国地域辽阔,不同地区经济发展存在明显的区差异,不同地区的体育资源也有着很大的空间差异,因此,我国体育产业在空间发展方面表现出鲜明的区域发展特点。

　　针对我国体育产业的空间发展特点以及发展变化趋势,崔瑞华,王泽宇,于文谦等学者进行了比较分析,将我国各地区的体育产业的发展的区域空间条件划分为为支撑条件好、支撑条件较好、支撑条件一般、支撑条件较差、支撑条件差 5 个层次,指出了我国体育产业的近十几年来的变化发展情况[①]。

运用 GIS 空间分析技术分别就我国 2005 年、2014 年的体育产业发展的空间支撑条件进行分析,可了解到我国最近的体育产业发展变化情况。

1. 我国体育产业发展的区域空间发展变化类型

(1)良性发展

我国体育产业的发展中,在全国 32 个省市自治区中,有 16 个省区的体育产业呈现出良性的变化,包括山西、内蒙古、上海、山东、海南、云南、陕西、青海和宁夏等,虽然这些省区的体育产业发展均呈现出良好发展态势,但具体的良性发展动因不同。重点分析如下。

首先,就我国山东省的体育产业发展来看,山东省近年来重视体育事业发展,体育彩票业得到了良好的发展,并以此为体育产业发展基础,有效带动了体育其他相关产业的发展。

其次,我国上海市、江苏省、浙江省从 2005 年到 2014 年期间体育产业发展态势良好,非常喜人,这得益于当地的经济的快速发展,同时,2010 年发布的《长江三角洲地区区域规划》,为该区域的体育产业发展创造了良好的政策环境与经济条件。

最后,我国西部地区,以贵州、云南、甘肃、青海为代表,在体育产业发展方面投入了大量的人力资源和财力资源,有效结合当地丰富的自然体育旅游资源和少数民族传统体育文化资源,有效促进了当地的体育产业的发展,这些省区的体育产业发展支撑条件呈缓慢上升的状态,同时,体育产业发展支撑条件向好发展趋势显著。

---

① 崔瑞华,远芳,王泽宇.中国体育产业发展支撑条件时空格局演变分析[J].资源开发与市场,2018(10):1431-1437.

（2）非良性发展

我国体育产业总体呈现良性发展趋势，但由于地域的辽阔，而且各个地区的体育发展政策也不尽相同，这就使得许多的地区的体育产业发展呈现出（与该地区之前的体育产业发展相比）发展增长率不高，发展不前，甚至发展滞后的现象。

以北京为例，北京体育产业发展正在迎来后奥运时代发展滞后的一个瓶颈时期，借"奥运经济"的发展，北京体育产业发展迅速，但在 2012 年后，北京体育发展进入"后奥运时期"，体育各方面的发展不可避免地进入了一个低谷效应的发展阶段。北京市的经济支撑条件直线下降，体育人才资源增速放缓，体育消费市场扩展速度放慢，在 2008 年后迎来的快速发展速度和发展高峰后，有了明显的回落。

除了在发展态势上呈现回落的产业发展现象，我国还有一些地区的体育产业发展呈现出不稳定的发展态势，这与当地的体育产业发展支撑条件呈波动变化具有非常密切的关系。具体来说，在我国湖南、广西、重庆、四川、西藏 5 个省区，体育产业发展的支撑条件不稳定，呈现出波动的不稳定状态，一些地区的产业发展弱点直接导致了当地的体育产业发展的落后和不稳定，如湖南省、四川省体育产业发展的科技支撑条件较好，但缺乏资金支持；广西、重庆体育产业客源市场良好，但城市化水平较低，体育消费需求小；西藏地区具有良好的体育产业发展政策环境，但是体育消费结构和需求结构不合理。上诉这些因素导致了这些地区的体育产业发展的不稳定。

我国其他地区，如天津、河北、吉林、安徽等，这些地区的体育产业发展支撑条件因变化不显著，因此，长期以来体育产业发展并没有发生显著变化，体育产业发展方面，产业结构不合理，消费结构不合理、不稳定，产业发展资金投入少、缺乏产业发展人才等，都是制约这些地区的体育产业持续发展的重要因素。

2. 我国体育产业发展的区域空间发展变化特点

结合 2005—2014 年我国体育产业发展支撑条件的时空格局

演变分析,可以充分了解到我国地区体育产业发展的特点与历程,并对未来,我国不同地区体育产业的发展预测提供发展思考。

我国区域体育产业发展表现出以下发展特点与趋势。

(1)全国范围内,我国体育产业发展支撑条件趋势向好,体育产业支撑条件虽然有波动,但是体育产业发展支撑条件总体良好,体育产业发展呈现出良性发展的总体态势。

(2)我国各区域的体育产业发展,在区域体育产业发展上的差距正在不断缩小,体育产业呈现出欣欣向荣的发展态势。

(3)从体育产业的空间发展变化来看,我国体育产业的发展与地区的发展趋势与地区体育产业发展支撑条件呈现出正相关的趋势,体育产业发展支撑条件好省区、较好省区、一般省区呈增长变化态势。

(4)体育产业在我国处于发展的初级阶段,属于新兴产业,因此在发展研究方面定量测度与比较研究较少,体育产业发展中的有关的产值、场地面积资料较难获取,因此,体育产业发展与地区体育产业发展支撑条件的关系及发展分析,是对体育产业发展有重要影响的产业支撑条件分析,并不完善。

整体来看,我国体育产业发展的区域发展差异大,各区体育产业发展均有良好发展趋向,各地区体育产业区域差距正在逐步缩小,体育产业整体发展值得肯定,但是也存在区域发展不平衡的问题。

(二)我国体育产业的发展程度

习近平总书记在党的十九大报告中指出,中国特色社会主义进入了新时代,在新时代,我国体育产业发展也在发生变化。

2010年,《国务院办公厅关于加快发展体育产业的指导意见》,对2020年我国体育产业的发展提供了政策红利,明确了我国体育产业发展目标,具体涉及以下内容。

(1)培育一批具有国际竞争力的体育企业,形成有中国特色和国际影响力的体育产品品牌。

（2）建立以体育服务业为重点，门类齐全、结构合理的体育产业体系。

（3）建立规范有序、繁荣发展的体育市场。

（4）形成多种所有制并存，多种经济成分竞相参与，共同兴办体育产业的格局。

（5）形成与国际接轨、管理规范、充满活力的体育社会组织体系。

2014年，《国家关于加快发展体育产业促进体育消费的若干意见》中，"全民健身"上升为国家战略，国家对体育产业发展的目标定位为绿色产业、朝阳产业，强调体育产业改革，使其成为推动经济社会持续发展的重要力量。

2016年，国家体育总局发布了《体育产业"十三五"规划》，体育产业发展的管理、运行机制进一步健全。

近两年，在我国政府的积极引导和推动下，我国体育产业发展迅速，我国体育产业发展速度逐年增长（图2-1、图2-2）。

体育产业总体规模

单位：亿元（人民币）

图 2-1

2010—2017年我国GDP增速和体育产业增速（%）

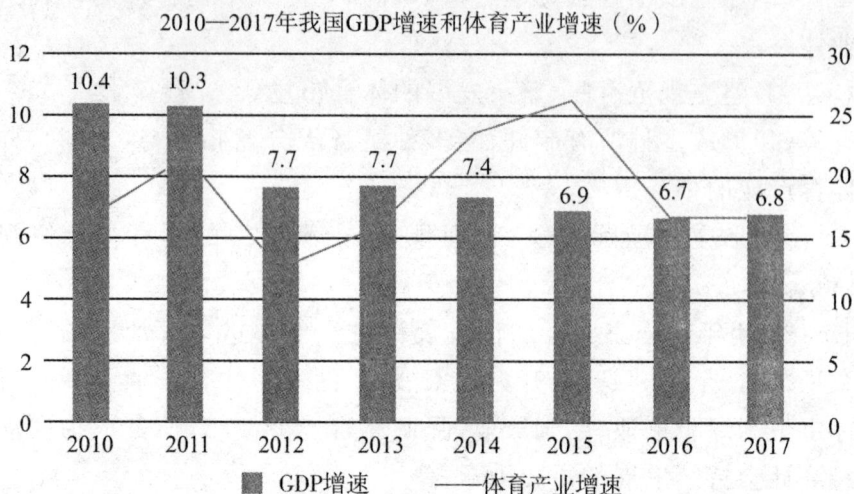

图 2-2

从 2008 年奥运时代后的体育产业兴起,到后奥运时代的体育产业发展低谷,在新形势下,我国体育产业发展再度兴起,并借助 2022 年冬奥运的举办,必将在未来几年迎来体育产业发展的又一次高峰。

新时期,体育是时代发展、社会进步的重要标志,体育产业是维护国民身体健康的重要产业,被放在国民经济发展中十分重要的位置,我国民众的体育消费观念已经发生了很大的转变,大众体育消费需求强,我国体育产业呈现出持续增长的发展趋势,体育产业正处于深度发展之中①。

结合当前我国体育产业发展现状,可以预测,未来 10 年,将是中国体育产业大发展的 10 年,是推进健康中国建设的重要战略机遇期。

---

① 刘硕．新时代体育产业现状及发展方向分析［N］．体育科技文献通报,2018-09-30.

二、我国体育产业的国际发展现状

(一)国际背景下我国体育产业发展表现

世界范围内,作为 21 世纪的"朝阳产业",体育产业随着世界经济发展和人们生活水平提高,体育产业的国际发展潜力广阔[①]。对我国体育产业发展前景具体发展表现分析如下。

1.体育产业结构发展

目前来看,与发达国家相比,我国体育产业结构中,体育服务业占比偏低。以体育用品业为例,美国体育用品制造占美国体育产业总比重的约 30％,而我国体育用品占比在体育产业中高达约 65％(图 2-3,2015 年)。

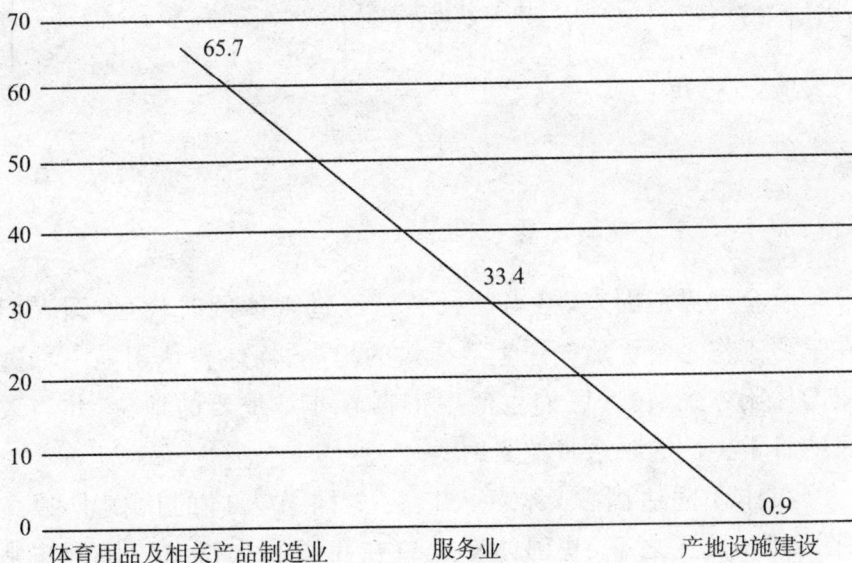

图 2-3

---

①　崔瑞华,王泽宇,于文谦.我国体育产业发展的 SWOT-PEST 分析[J].天津体育学院学报,2007,22(3):252-254.

一般来说,体育产业结构中,服务业应该在体育产业中占据较高比例,这是体育产业结构合理化发展的重要表现(图 2-4),相比于体育产业发达国家,我国体育产业结构还有待于进一步地完善。

发达国家体育服务业比重

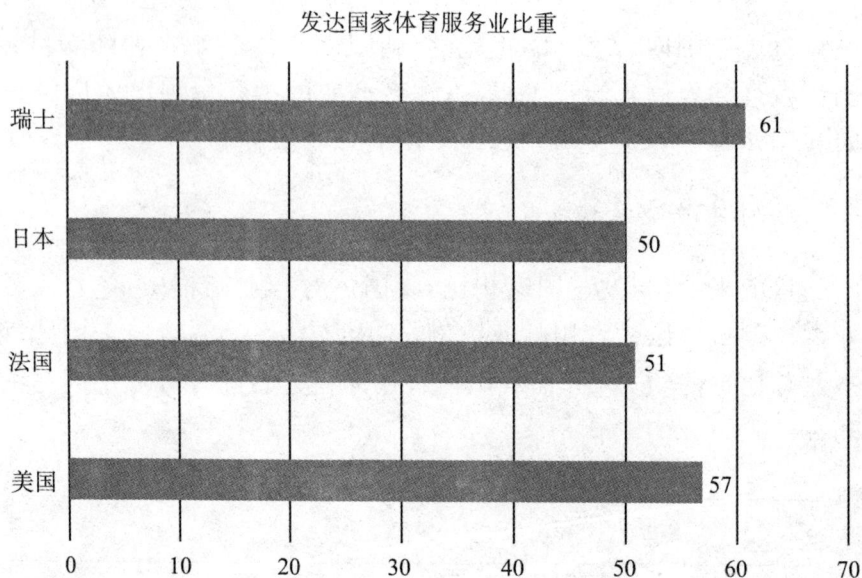

图 2-4

2. 体育产业市场发展

就全世界范围来看,当前社会已经进入休闲时代,各国人们在学习工作之余更加关注生活质量的提高,而体育休闲是一种健康的休闲方式,在人民的生活中占据着非常重要的地位,并与人民的日常生活的联系日益紧密。

在体育发达国家,体育人口占全国总人口的比例非常高(图 2-5),相比之下,我国体育人口在我国总人口中的比例非常少,虽然在"全民健身""健康中国""体育强国"等系列战略目标和措施推动下,我国体育人口与以往相比呈现出逐渐增长的趋势,但是体育人口比例低(图 2-6),体育产业市场需求小,仍然是我国体育事业和体育产业面临的一个重要问题。

国外经常参与体育运动人比例（%）

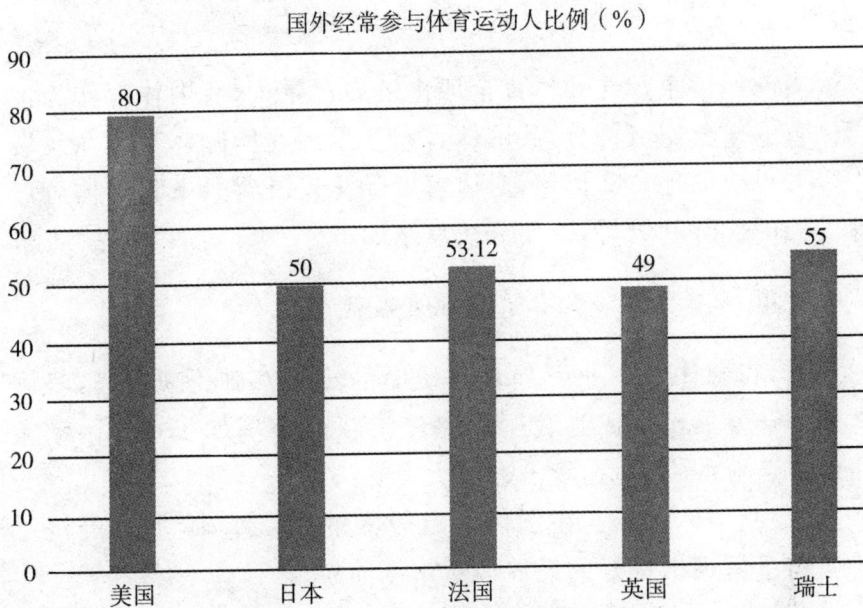

图 2-5

2007—2014年经常参与体育运动人口比例（%）

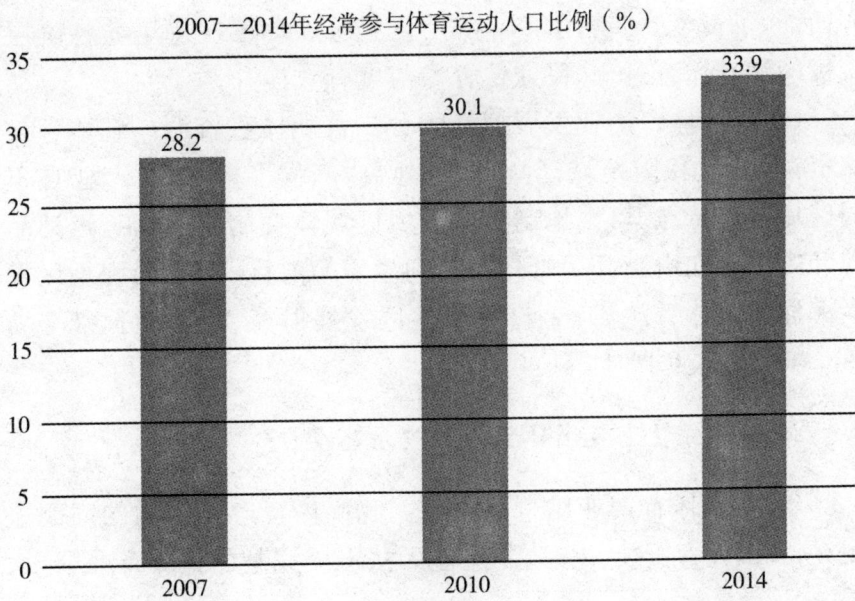

图 2-6

（二）国际背景下我国体育产业发展的优势与劣势

当前经济全球化和体育全球化发展背景下，我国体育作为世界体育的重要组成部分，我国体育产业发展在国际体育产业发展中具有重要的地位和作用，对体育国际化发展背景下我国体育产业发展的优势和劣势，简要分析总结如下。

1. 国际背景下我国体育产业发展优势

（1）我国体育产业发展具有雄厚的经济基础。现阶段，我国体育产业发展已经成为我国国民经济新的经济增长点。国家重视体育产业的发展，在经济方面大力支持。

（2）我国体育产业在国内具有较强的民众基础，并在经济基础支持下呈现出良好的发展体育市场前景。

（3）我国体育产业发展具有良好的国家政策支持环境。2008年北京奥运会后，我国体育事业呈现出井喷式发展，在体育产业发展方面，除了资金支持，国家还在社会上通过政策扶持培养各阶层人民的终身体育意识，民众体育参与度有效提升。

（4）我国体育产业发展拥有十分丰富的体育资源。就体育自然资源来看，我国地域辽阔，地理地貌，气候多样，体育产业在不同区域各具特点，可因地制宜地发展区域体育旅游、休闲、运动品牌和赛事。如山区开展野外拓展和攀岩等项目；东部沿海地区发展海洋休闲体育旅游产业；草原地区发展射箭、赛马和狩猎等项目；东北地区开展冰雪项目①。

2. 国际背景下我国体育产业发展劣势

（1）我国体育产业结构不合理。我国体育产业结构的问题表现在，我国体育服装、用品、制造业无法形成完整的体育产品研发、

---

① 屈忆霞. 全球化背景下我国体育传媒业的机遇和挑战[J]. 新闻战线，2015(1)：164-165.

制造、推广、营销、服务体系,产业运行效率低,产业竞争力低[①]。

（2）我国体育运动场所覆盖率低。当前,我国体育产业发展区域差异大,体育场所在大城市人均面积较大,但在小城镇和农村人均体育场地非常少,大众体育需求无法得到满足,不利于体育产业的发展[②]。

（3）我国体育产业的有形资产开发率低。现阶段,我国大众体育健身需求日益提高,体育基础也在不断完善,但是许多体育设施的利用率低,资源浪费严重。

第二节　政策对体育发展的影响

一、影响体育产业发展的政策类型

（一）基础产业政策

体育产业的发展离不开政策的支持,在国家对体育发展的一系列政策制定和实施中,会促进体育产业的发展。基础政策是确保体育产业能够得以发展的重要基础。

基础性的体育产业政策,有些政策可能并非针对体育产业本身,但是却可以直接或者间接促进体育产业的发展。在体育产业发展中,基础政策层的主要作用是基础性支撑,具体来说,这些政策一方面应是能从基础角度对体育业发展起到核心支撑;另一方面又可以对其他政策形成根本性的辅助推动。

体育产业的基础性产业政策主要涉及以下几个方面的政策。

---

①　薛来何.体育国际化背景下中国体育产业发展研究[J].长春师范大学学报,2018,37(8):121-123.

②　李阳乾,胡振东.探析体育产业新政背景下中国体育产业发展的机遇与挑战[J].当代体育科技,2015(35):179.

1. 体育技术政策

技术在体育产业发展中具有重要的影响作用,充分发挥体育技术对体育产业发展的影响是体育产业技术政策基础核心支撑性所在。无论是在物质方面的体育生产企业,还是从事服务的体育企业,如果缺少了体育技术对产业发展的引领,将会是致命性的。为了更好地鼓励体育企业进行科技创新,同时加强对企业的技术保护,是体育技术政策的主要内容。

从体育产业的国际化发展来看,我国体育产业的技术政策有助于缩短我国体育产业与国外发达国家体育产业间的技术差距,从而以技术进步提升体育产业发展的竞争力,最终可持续性推动我国体育产业的快速发展。

2. 体育资源政策

优化体育资源配置可有效促进体育产业的发展,主要是关于对体育产业中的先关体育资源进行最优化配置使用,体育资源配置政策既能够促使体育产业结构快速升级,同时还能对体育产业发展从运行效果上形成一种资源性保障。

3. 体育产权政策

体育产业的持续发展,需要明确市场权益,这就需要加强对产权的保护,产权政策是体育产业发展的基础性政策类型之一,在规范体育资源隶属、使用、配置等方面发挥着直接关系的作用,也是体育产业发展中的最为根本的支撑政策。

(二)引导扶持政策

体育产业的引导扶持政策主要是对体育产业发展方式进行扶持和引导,此类产业政策的师生可以促进体育产业的持续稳步发展。

就目前我国体育产业的现状来看,引导扶持政策主要包括体育产业发展投资政策体育、体育产业发展融资政策、产业发展税收政策。具体分析如下。

1. 体育产业投资政策

体育产业发展需求的投资政策是关系到体育产业发展的具体投资规定，这其中既包括对体育产业投资主体的确定，如体育公共投资、体育风险投资等；对体育投资方式与效率的关注[①]。

此外，体育投资政策对体育产业的影响，还表现在对产业中资金的投入主体、投入方式、投入规模等内容的规范、保障，是体育产业发展的基本扶持和引导性政策。

2. 体育产业融资政策

体育融资政策在体育产业发展中所起到的引导作用主要体现在引导体育企业的融资方式和融资渠道方面。融资政策为体育产业的发展提供了有效指引。

在体育产业发展过程中，体育资金的扩充和有效融入为体育产业的发展提供了必须保证，通过拓宽融资渠道，能够提高体育企业的融资积极性，更好地促进体育产业的发展。

在体育产业发展中，体育投资政策和体育融资政策为资金能够更好地促进体育产业的发展提供了非常重要的支持。

3. 体育产业税收政策

体育税收政策在我国体育产业发展中发挥着重要的杠杆作用，一方面对体育产业的发展速度起到了一定的影响作用；另一方面也对体育产业的发展方向和发展规模进行引导。

与发达国家相比，我国税收政策还存在着许多问题，如税种杂乱、操作性不强，范围不足，手段单一、内容不完善等。随着我国体育产业的不断发展和国家对体育产业发展的重视，我国的体育产业税收政策也将不断完善。

---

① 王飞. 我国体育产业发展的制度创新研究[M]. 北京：北京体育大学出版社，2016.

(三)产业结构政策

体育产业结构政策是政府根据体育产业结构发展规律和阶段发展趋势,制定的体育产业部门间资源配置方式、产业间部门比例协调,以促进体育产业结构优化的相关政策。体育产业结构政策具有明显的导向性[①]。

通过体育产业结构政策,作用于体育产业发展,对体育产业的引导作用表现在资源的优化配置方面,通过政策导向,促进体育产业间的各部门合理的政策可促进体育产业的发展,不合理的政策则会对体育产业的发展起到制约作用。

新时期,政府对体育产业结构的正确认知和分析,有助于我国建立完善的产业结构发展体系,具体表现如下。

(1)将体育产业纳入第三产业的范畴。

(2)有效实现产业间的资源优化配置。

(3)引导市场主体对入市的选择。

(4)提高新兴产业部门的市场竞争力。

(5)促进产业结构的更加合理。

现阶段,我国体育产业政策主要鼓励体育产业主导产业发展,依次带动整个体育产业的发展,其中,体育健身娱乐业、体育用品制造业、体育竞赛表演业是当前体育产业发展的重点产业(图 2-7)。

(四)产业组织政策

体育产业组织政策是指政府为有效利用资源,优化资源配置,协调企业关系而采取的各种政策。

体育产业组织政策主要针对体育产业内部。科学的体育产业组织政策的制定和实施有助于为体育产业的发展创造一个良好的市场竞争环境,提高体育产业的效益,保持市场活力,促进体育市场经济的可持续发展。

---

① 曹可强.体育产业概论[M].上海:复旦大学出版社,2004.

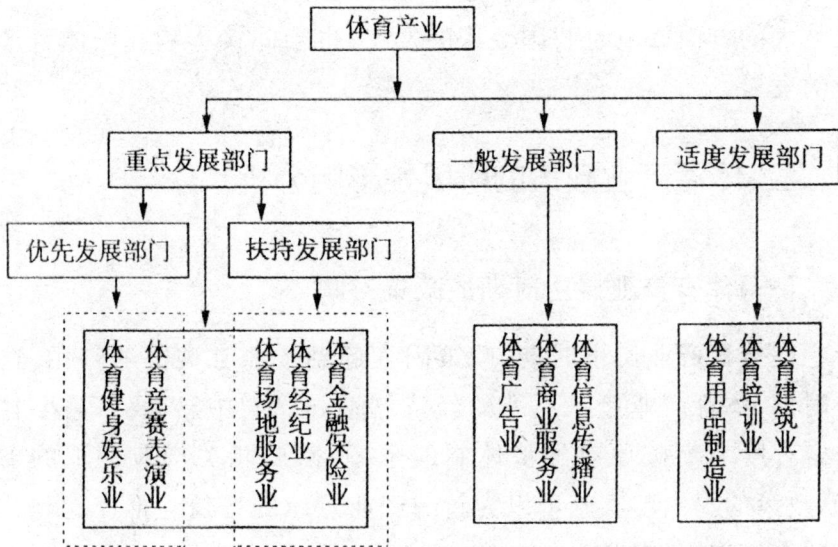

图 2-7

(五)产业监管政策

现阶段,我国体育产业的发展还处于初级阶段,体育产业和体育市场发展还不够规范,加强对体育产业监管类政策的制定,是我国政府要做得重要的工作。

目前,从监管的角度来看,体育产业的发展需要有具体的监管政策。政策与监管政策有着密切的联系,在体育产业发展中,政府的角色定位,也直接关系到政府在体育产业发展的所行使的职能。

就我国体育产业发展特点来看,政府的产业监管在体育产业的发展中发挥着非常重要的作用,对于正处于初级发展阶段的我国的体育产业政策具有重要的规范、促进和引导作用,对新时期我国的体育产业的持续发展将起到重要的奠定良好产业发展基础的作用,有助于未来我国体育产业的持续发展。

(六)其他相关政策

体育产业发展政策具有多样性。体育产业相关政策包括与经济发展相关的各种政策。如财政政策、金融政策、价格政策、市场管理政策、消费政策以及 WTO 的一系列相关政策等。这些政策从大的方面影响着我国经济的发展,也会间接影响我国体育产业的发展。

二、体育产业政策的阶段性影响分析

(一)体育产业产生时期的政策影响

在体育产业产生时期,政策因素起到了非常关键的作用,这一时期,体育产业是从原有的经济体系和框架中新生的,需要在一定程度上突破原有经济体制的限制,需要相关产业意识的支持,政策的提出与实施可以为新的产业意识的普及与推广起到重要的促进作用(表 2-1)。

表 2-1　我国体育产业政策与制度在体育产业
产生时期的表现途径及作用

年份	政策与制度颁布	对体育产业发展的影响
1978 年	十一届三中全会	确定了以经济建设为中心,进行竞技体制改革,为体育产业发展奠定了经济体制改革
1984 年	《关于进一步发展体育运动的通知》	鼓励和促进体育场馆的经济参与与多元经营
1985 年	《国民生产总值技术方案(试行)》	体育被列入第三产业
1986 年	《关于体育体制改革的决定(草案)》	以社会化为体育改革突破口

我国体育产业发展初期,政策因素不仅体现在与体育产业直接相关的政策作用上,还包括间接相关的政策作用,具体分析如下。

1. 对体育产业形成正确初步认识

我国体育产业是在我国社会主义市场经济条件下发展起来的,在我国计划经济向市场经济转型时期,对于体育产业如何发展,并没有清楚的认识,这就需要大政方针政策对社会大众有一个正确的引导,使市场主体能正确认识体育产业,并积极参与到体育产业的发展中来,促进体育产业的市场不断形成、形态基本完善。

2. 促进体育产业与经济的有效结合

体育产业发展的初级阶段,便出现了相应的政策和组织安排,多种经营形式的体育场馆等成为了体育产业的早期发展的代表,这也体现出了体育所具有的经济功能。

具体从我国体育产业的产生、形成和发展历程来看,从 1978 年到 1992 年,我国体育产业总收入达到 16 亿元人民币,平均每年增长 493.7 万元。虽然体育产业发展在这一时期尚处于萌芽阶段,但通过以对体育经费进行补充作为目的的体育创收活动,使得体育与经济得以初步结合。而这种结合的形成恰是从政策层面,以国家体育行政部门为基础,是在对体育市场的宏观调控中实现的。

3. 为体育产业发展奠定良好基础

体育产业的形成,离不开体育市场的建立与完善,体育产业发展初期和体育产业形成初期,只有具备了明确的经营对象和市场主体之后,体育产业才能得以形成,在这一阶段中,国家赋予和鼓励有条件的体育事业单位从事多种经营,促进经营型管理的实现,这一转变表明了部分体育资源能够在原有的体育事业中分离出来。

体育资源配置从政府宏观调控到放归市场,体现了体育产业发展的逐渐成熟,政府对体育产业发展初期的干预是引导体育产业正确发展的必经之路。

(二)体育产业初步发展时期的政策影响

从 1992 年开始,体育产业进入了初步发展时期,政策在此时期的作用开始更为突出,不仅对体育产业从产生到初步发展起到了重要的过渡性推动作用,在针对实践发展中的不同问题解决上也形成了一定积极贡献。

1. 促进体育产业发展的过渡

在确定体育产业范畴和经济地位的基础上,大力发展体育产业是我国经济发展在该时期的一个重点。

体育产业发展在 1922 年处于一个非常重要的过渡性时期,与体育产业相关的政策性措施在这一年相对较多,其中《关于加快发展第三产业的决定》、"北京西郊红山口会议"、《关于深化体育改革的决定》是三个具有代表性的政策。在这些政策中,其主要作用点是针对"确定体育产业的第三产业属性、促进职业化足球的发展,促进体育产业化和进行体育市场培育"而进行的。

体育产业发展初期,为了促进体育产业从萌芽向成熟的过渡,我国关于体育产业发展的相关政策与制度频繁出台,且涉及面广、涉及问题具体。这些政策与制度,为体育产业发展过渡时期的"体育产业属性确定、体育产业发展的突破口(发展职业足球)、体育产业市场培育、体育产业化的规范发展"提出了方向指导。这些内容,在之前的体育产业发展中并没有明确形成或给予规定[①]。

整体来看,该时期体育产业相关政策与制度对体育产业的发展积极影响主要是促进体育产业从"产生"到"发展"的平稳过渡,避免了体育产业在"产生"阶段的持续徘徊。

2. 对体育产业发展实践突出问题的解决

政策具有强制性和宏观指导性,对体育产业的发展有着非常显著的针对性作用。在初期发展阶段,体育产业各项发展的具体内容并没有明确下来,也没有清晰的发展目标。因此,在该时期的政策有着较为突出的针对性指导作用。

---

① 王飞. 我国体育产业发展的制度创新研究[M]. 北京:北京体育大学出版社,2015.

这一时期,国家整体性的宏观制度、直接性体育制度的提出更是直接推动了体育产业的发展(表2-2)。

表2-2　我国体育产业初步发展时期的体育产业政策

年份	政策与制度颁布	对体育产业发展的影响
1992 年	《关于加快发展第三产业的决定》	包括体育产业在内的第三产业发展得到重点关注
	北京西郊红山口会议	以足球为体育改革的突破口,促进足球的职业化改革与发展
	《关于深化体育改革的决定》	建立中国特色体育新体制
1993 年	《关于培养体育市场,加快体育产业化进程的意见》	培养体育市场,促进体育产业化发展
1994 年	《1994—1995 年度体育彩票发行管理办法》	体育彩票的法制化发展
	《关于加强体育市场管理的通知》	规范体育市场,为体育产业发展创造良好的市场环境
1995 年	《1995—2010 年体育产业发展纲要》	明确体育产业的属性、类别及未来十年的发展目标
1996 年	《国民经济和社会发展"九五"计划和 2010 年远景目标纲要》	确定国家、社会共同兴办体育的新格局
1999 年	《关于加快体育俱乐部发展和加强体育俱乐部管理的意见》	对体育产业细分层次的首次制度层面措施指导
2000 年	《2000—2010 年体育改革与发展纲要》	确定了未来十年体育产业发展与改革目标,强化了体育产业的地位

在我国这一时期的体育产业政策中,两个发展"纲要"在这一时期分别出现,并针对体育俱乐部、体育市场、体育彩票等相关体育产业也分别形成了相应的直接性政策。可见,在体育产业发展中,相关政策在不同组成和层次上的针对性的支撑和参考。

(三)体育产业全面发展时期的政策影响

在 2001 年,我国成功申办奥运会,也使得体育产业开始步入到了新的发展阶段。在体育产业发展中,政策在这一过程中所起到的作用也产生了一定的变化。截止至 2014 年年底,在体育产业的全面发展中政策起到了加速、地方性支撑和规范其发展的关键性作用,具体如下。

1. 促进体育产业的整体发展

新时期,我国体育产业发展逐渐步入正轨,在体育产业的发展探索中,对体育产业的各项发展目标、对策逐渐明确,发展成效显著。体育产业自主发展的能力已经完全具备,因此,这一时期的体育产业政策主要集中在对体育发展的"增速"上。

2. 对体育市场主体的鼓励与约束

就政策经济学而言,政策本身就具有激励与约束的作用。在体育产业全面发展的过程中,一些相关政策在体育产业发展中的激励与约束作用也得以显现出来。

以体育产业规划的颁布实施为例,2006 年的《体育事业"十一五"规划》和 2012 年的《体育事业"十二五"规划》的明确。在体育产业初期发展阶段,也形成而来政策性的"发展纲要",如 1995 年的《1995—2010 年体育产业发展纲要》和 2000 年的《2001—2010 年体育改革与发展纲要》,但这两个纲要并没有向上述"五年规划"一样具有较强的可操作性和具体性。各个"五年规划"在不同的发展时期有着不同的侧重点。新时期的五年规划,充分将宏观角度国家对体育产业所提出的激励机制和约束要求体现出来。例如,对"各种经济成分共同参与兴办体育产业"进行鼓励;而约束要求主要从"对体育市场的规范化管理"上体现出来。由此可见,在体育产业全面发展中,政策的作用更加细化。

3. 政策支持区域性与特色体现

体育产业发展中,政策除了能够从国家角度在宏观层面发挥作用之外,也有一些区域性或地方性的体育政策在中微观层面发挥作用。

从 2008 年至 2010 年,各地区对本地体育产业的发展都非常重视,一些相关的促进体育产业发展的政策相继出台,如 2010 年《中共北京市委、北京市人民政府关于促进体育产业发展的若干意见》、2011 年《山西省人民政府关于加快体育产业发展的意见》、2011 年《中共上海市委、上海市人民政府关于加快上海体育事业发展的决定》等。

区域性的体育政策,除了针对体育经营中的具体管理活动进行相关规定之外,也结合了自身的特点,充分结合了本地区的体育产业发展特点,对本地区的体育产业的后续健康发展起到了重要的促进作用。

三、体育产业政策的积极性影响分析

(一)优化体育产业结构

在体育产业结构变动中,体育产业政策发挥着非常重要的作用,可优化产业结构,具体表现如下。

首先,科学合理的体育产业政策可促进体育产业结构的合理化。这主要是因为体育产业各部门间科学的联结方式、合理的比例关系,以及随着需求结构的变化,产业结构与需求结构的动态适应,有助于促进全社会体育资源的优化配置。

其次,结合我国体育产业的宏观和长远发展而制定的体育产业政策是从全局宏观经济的角度出发的,如此制定的体育产业政策可促进体育产业各部门比例关系的和谐,具体来说,政府要根据市场供求不断变化的趋势来制定并实施合理、科学的体育产业政策,并采用法律、行政和经济手段,在体育产业各个部门之间对资源进行合理的分配,对体育产业各部门间的量的比例关系和关联方式进行调节,可促进体育产业的优化发展。

(二)弥补市场调控缺陷

政策属于行政管理的范围,对于市场对资源的自由调配具有行政补充作用。

市场经济条件下的体育产业和体育市场的发展,市场发挥着重要的资源调节配置作用,但是,由于市场机制并不是万能的,市场机制的局限在于提供公共物品的部门和企业,以及存在不完全竞争、外部经济型、垄断的条件下,在对资源进行有效配置方面,价值机制并不能发挥出有效的作用。市场发展的缺陷导致了体育产业和体育市场上总会出现一些不当竞争,这些不当竞争不仅会扰乱市场秩序,还会造成各种体育资源的浪费,这就要求对市场调节不当的地方应加强政府的宏观调控,产业政策就发挥了重要作用。通过制定并实施产业政策有助于市场失灵的问题得到有效的解决,促使经济运行的质量得以全面提高。

体育产业政策的科学合理制定,通过将市场机制与体育产业政策有效结合起来,就能够有效降低由于市场缺陷和市场失灵所造成的产业效率损失,从而更好地引导体育产业向着高度化目标发展。

(三)规范体育产业超常规发展

体育产业的发展与国家的体育与市场政策有密切的关系,与国家的社会、政治、经济、文化等各方面的发展密切相关,对于经济性对较为落后的国家来说,若想要在短时间内在体育产业的技术体系和规模方面形成竞争力,只依靠市场的自由调节,需要耗费长期的资金积累过程,很难在短时间内满足体育产业快速发展的要求。

就我国社会主义市场发展来说,体育产业政策对体育产业的发展影响,更能体现出集中力量做大事,更能发挥集中力量调配各种各类体育资源的优势,以促进体育产业始终保持良好的发展速度持续发展。

(四)增强体育产业国际竞争力

当前经济全球化和体育全球化发展背景下,我国体育产业发展必须顺应国际体育产业的发展趋势与国际体育市场特点,如此才能不断提高我国体育产业发展的竞争力,通过体育产业政策集中发展我国体育产业中具有优势的产业,同时对不足之处予以大力支持,使我国体育产业能在世界体育产业竞争中获得良好的发展。

第三节 现有体育产业政策制度
及其发展解析

一、我国现有体育产业政策与制度

(一)体育产业方面

当前,我国已经进入体育产业全面、快速发展时期,这一时期,我国相关体育产业政策的出台与发展侧重点见表 2-3 所示。

表 2-3　我国体育产业全面发展时期的体育产业政策(2003—2017 年)

年份	政策与制度	发展影响
2003 年	《体育彩票财务管理暂行规定》	规范和加强体育彩票业的发展
2006 年	《体育事业"十一五"规划》	深化体育改革、进一步完善了体育体制和运行机制
	《体育服务认证管理办法》	从产业体系、消费、市场、管理、创新等方面完善体育服务认证管理
2008 年	《体育及相关产业分类(试行)》	界定体育产业为社会公众提供体育服务和产品的活动,并提出相关产业范围。
	《中国体育彩票全民健身工程管理暂行规定》	进一步明确体育彩票业的发展
2010 年	《关于加快体育产业的指导意见》	提出"加快"体育产业发展的策略
2011 年	《体育事业:"十二五"规划》	加快发展体育产业,增强体育产业竞争力
2014 年	《关于加快发展体育产业促进体育消费的若干意见》	把体育产业发展与国民消费及国家经济转型升级相连
2016 年	《关于体育场馆房产税和城市土地政策使用税政策的通知》	促进体育场馆的市场化发展和积极参与市场经济竞争
	《体育发展"十三五"规划》	明确未来五年体育人口、体育基础设施、体育产业规模发展目标
	《全民健身计划(2016—2020)》	深化体育改革、发展群众体育、建设健康中国
	《竞技体育"十三五"规划》	实施奥运争光计划、进行足球改革、以 2020 冬奥会为契机发展冰雪运动
	《青少年体育"十三五"规划》	加强青少年体育、发展体育人才、建设体育强国
	《"健康中国 2030"规划纲要》	发展群众体育产业,促进全民健身与全民健康的深度融合

续表

年份	政策与制度	发展影响
2016 年	《水上运动产业发展规划》	提出 2020 年我国水上运动产业发展目标,促进我国水上运动产业的发展
	《山地户外运动产业发展规划》	指出 2020 年我国山地户外运动的产业总值目标
	《航空运动产业发展规划》	指出 2020 年我国航空运动产业整体经济规模发展目标
	《关于大力发展体育旅游的指导意见》	规范体育旅游市场,优化体育旅游产业结构
2017 年	《全民健身指南》	促进全民健身发展,为体育产业发展奠定良好消费市场基础、社会发展环境
	《体育标准化管理办法》	制定体育产业发展的国家、行业、地方、企业标准

(二)"体育+"

2016 年以来,体育产业市场化发展的步伐加速,各项配套政策密集出台,代表性政策文件主要有《体育产业"十三五"规划》《关于加快发展健身休闲产业的指导意见》《关于大力发展体育旅游的指导意见》等,多项"十三五"规划为体育产业定下了明确的目标。

整体来看,针对体育产业发展的利好政策主要通过三个层面对体育产业产生影响。

(1)政策的放宽及审批的简化推动体育文化创新,大众体育内容多元化。

(2)政府的财政投入及社会资本引导,体育基础设施不断发展完善,大众体育参与机会增多,体育市场不断发展壮大。

(3)利好政策为行业发展带来的良好预期影响与指导,市场主体积极性更加提高。

除了直接制定体育产业发展政策,我国还重视体育产业相关产业发展,从多方面入手,采取各项措施,间接推动体育产业的发展(表2-4)。

表 2-4 "体育十"相关促进性政策与制度

年份	政策与制度	内容
2014 年	《关于加快发展体育产业促进体育消费的若干意见》	促进体育产业与其他产业相互融合
2016 年	《关于加快发展健身休闲产业的指导意见》	推动"体医结合",促进健身休闲与文化、养老等产业融合发展
	《关于大力发展体育旅游的指导意见》	"加强体育旅游与教育、健康、养老、农业、水利、林业、通用航空等产业的融合发展"
	《"健康中国2030"规划纲要》	大力推动健康服务供给方面的结构性改革,体育行业、卫生计生部门等都要主动地适应人民健康的现实需求

二、我国体育产业政策的优化与持续推进

(一)重视政策制度创新

发展到现在,我国体育产业已经进入了一个快速发展的时期,新时期,为了进一步推动我国体育产业的发展,就必须结合当下的体育产业发展整体状况,不断探索和制定新的体育产业政策与制度。

就我国体育产业发展现状和整体趋势来看,引导体育产业的科学发展,就必须树立科学发展观,建立宏观统筹发展意识,不断结合我国基本国情,制定科学的体育产业政策与制度,并重视新

理论、新思想制定,重视体育产业政策与制度创新(图 2-8)。

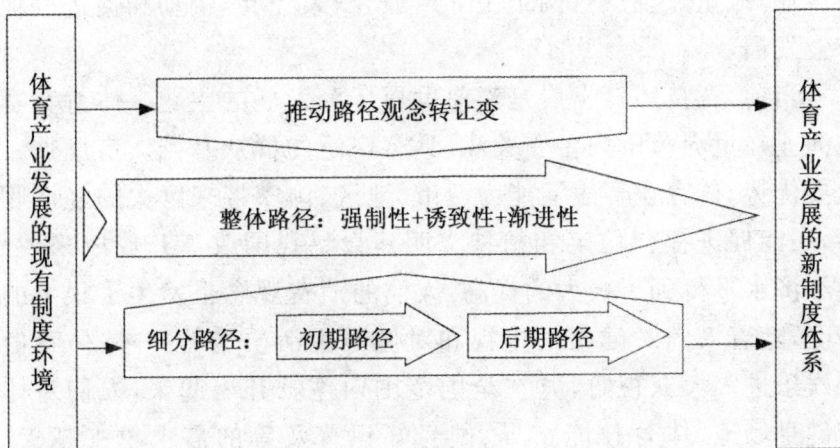

图 2-8

新时期,面对我国和国际体育、经济发展新形势,体育产业政策与制度的创新应从多个方面综合考虑,从多个角度、多个路径入手,切实完善体育产业结构、规范体育产业市场、促进体育产业持续在。

首先,从宏观来看,要树立整体发展观,从整体角度明确体育产业政策与制度创新应选择何种途径、何种方式,为体育产业发展指明总体发展方向。

其次,从微观来看,要深入到体育产业发展的各个产业层面,切实解决不同产业发展中存在的具体问题,各地区的体育产业发展政策应结合地方实际、突出地方发展特色。

此外,还要为真正落实新的体育产业政策与制度,推出相关政策与制度,确保新的政策和制度体育产业的新政策与制度能真正落到实处、发挥作用。

(二)优先发展主导产业

就体育产业的实际发展来看,体育产业的发展过程中,各产业发展不可能达到同时发展的态势,必然有一些产业发展速度快、另一些体育产业发展速度慢,当前我国体育产业组织结构中,体育健身娱乐业与体育竞赛表演是当前具有良好发展空间的两个产业,应重点发展这两个主导产业,积累经验,带动和促进其他产业发展。

当前,竞技体育发展是当前世界体育发展的主题。体育竞赛表演业在世界范围内备受关注,具有广泛的群众基础。借助这一重要优势,体育竞赛表演能为城市、地区、国家带来巨大的经济收益,还能促进社会稳定和精神文明建设。我国改革开放以来,社会经济水平得到了极大的提高,人们的消费观念也发生了很大的转变,随着人们对健康的重视和对健康生活质量的要求,体育健身娱乐进入大众视野,并在全国范围内蓬勃开展起来,人们对体育健身场地、体育技能指导、健身知识普及等的需求越来越大。体育健身娱乐的消费市场广阔。

从产业链角度分析来看,在整个体育产业中,体育健身娱乐业和体育竞赛表演业在体育产业组织中,处于中间产业环境,能形成良好的前向关联和后向关联效应,体育健身娱乐业与体育竞赛表演业的发展能有效带动体育产业中其他产业部门的发展,而且这种发展是呈几何级数增长的,优先发展体育竞赛表演业与体育竞赛表演业,不仅可以刺激消费,还能带动其他产业部门发展,进而引导和促进整个体育产业的发展。

(三)加强国际交流合作

我国是一个开放、包容的国家,我国体育产业的长久发展必须融入到国际体育产业发展中去,为促进我国体育产业发展,可以有效利用我国的相关政策和战略发展措施、倡议,积极促进体育产业的发展。

现阶段,积极推进人口健康领域的国际合作,加强人文交流,促进我国和"一带一路"沿线国家合作,充分利用国家高层对话机制,实现体育产业发展中的对外合作,有利于良好体育国际环境的创设,也有利我国体育产业发展对国际体育产业的发展适应与融合发展。

第三章　国内社会新常态下的
体育产业的创新发展

　　体育产业是我国国民经济发展的新的经济增长点,在我国中国特色的社会主义市场经济条件下,体育产业发展具有明显的中国特色。习近平总书记于 2014 年在河南考察时首次运用"新常态"概念,指出当前我国发展正在进入一个新的历史时期,对此,要有信心,从"我国经济发展的阶段性特征出发,适应新常态,保持战略上的平常心态。在战术上要高度重视和防范各种风险,早作谋划,未雨绸缪,及时采取应对措施,尽可能减少其负面影响"。新时期,我国体育产业的发展也必须充分适应我国体育市场经济环境,确定体育产业发展的重要发展目标与方向。本章将在全面分析我国当前体育社会环境与经济环境的基础之上,结合新时期经济改革和体育产业发展趋势,提出我国体育产业发展与改革的基本思路,并在信息时代探索体育产业的信息化发展道路,探索体育产业的"互联网+"的新型产业发展道路。

第一节　全民健身与体育产业市场的活跃

一、全民健身的概念与内涵

(一)全民健身的概念

　　关于全民健身,很多国内学者从对象和方法两方面界定全民健身,即全民健身是指全体人民为了增强体质,采取不同的手段、方法,达到健身的目的。

蓝新光在《全民健身大视野》中认为:"全民健身"这个词汇对于中国,已经不仅仅是一个词汇,它已经成为社会主义建设的一项事业和亿万人民的体育实践,已经成为 20 世纪末期体育的热点和独具特色的社会现象。

《全民健身计划》是我国为推动全民健身事业发展的一个重要指导性文件,是我国大众体育管理的法规性文件,是我国大众健康发展的指导性文件,《全民健身计划纲要》中首先明确指出:"为了更广泛地开展群众性体育活动,增强人民体质,推动我国社会主义现代化建设事业发展,特制定本纲要。"全民健身中的"全民"是指包含十几亿具有中国国籍的国民,"健身"就是增强和维护人的身体健康。

(二)全民健身的内涵

全民健身对我国的社会政治、经济、文化、教育等各方面的发展具有重要影响,现代社会,人们所理解的"全民健身"的含义,已经不仅仅是全国人民来健身的字面意义了,它已经成为"全民健身事业""全民健身计划""全民健身战略""全民健身工作"和"全民健身工程"等的代名词。

社会主义发展新时期,我国全民健身的功能和作用不仅仅局限于强身健体,积极向上、团结合作、崇尚规则、公平竞争、人与自然和谐共生等都是全民健身所倡导的精神,这与和谐社会的理念是完全一致的。

大众健身时代的到来,使得全民健身不仅成为身体运动,更要成为一种生活方式,一种促进人的全面进步和发展的巨大动力,一个推动家庭和睦、邻里和顺、社风和谐的有效手段。

现阶段,随着我国社会矛盾的转变,全民健身已经被演化、延伸为"中国特色的大众体育"的含义,主要包括以下内容。

(1)全民健身法规法律与组织。

(2)全民健身设施与资源。

(3)全民健身活动与内容。

(4)中国社会体育指导员、各类人群健身。

(5)全民健身效果评价。

(6)全民健身的国际借鉴。

二、全民健身的背景分析

(一)国际背景

健康是人们的第一需求。健康一直是人类共同追求的目标，人们普遍认为体育锻炼就是健身。

国际范围内，关注大众健康是在 20 世纪 50 年代开始的。二战以后，各国社会经济逐渐恢复，各方面的发展促进了各个国家和地区对本国家和地区大众体育发展的重视，大众健康逐渐走入公众视野，成为社会大众体育逐渐成为国际体育的发展潮流。

随着国际社会经济的不断发展，发达国家的文明病多发，健康问题被各国高度重视，并引发了全世界范围内的人类健康讨论。1985 年，国际奥委会设立了"大众体育委员会"，1986 年，"世界大众体育大会"首次在德国法兰克福组织召开。1989 年第 11 届世界健康大会在加拿大多伦多举行，有 89 个国家提出大众体育目标。

20 世纪 90 年代，出现"健身"一词，并且将健身理解为除了医疗手段，其他的一些为了人体健康而采用的方法与手段，都属于健身范畴。随着体育国际化发展的发展，大众体育逐渐成为国际体育的发展潮流。

为在全世界范围内促进人民健康，国际社会相关组织积极开展各种健身促进活动。1993 年 6 月，国际奥委会和世界卫生组织合作，为实现"全民体育和全民健身"积极合作。1994 年，世界卫生组织参与"国际大众体育联合会"组织，同年，第 5 届世界大众体育大会确定了"大众体育与健康"的主题，并提出"2000 年体育为人人，健康为人人"的口号。此后，联合国教科文组织、国际体育联合会纷纷加入大众体育和健康工作的开展中。

进入 21 世纪以后，人民健康问题更加得到关注，世界卫生日历年的主题大多都与健康密切相关（表 3-1）。2016 年，世界大众体育网络运动总会（简称世界大众体育，WMSIA）在香港成立，旨在推动世界各国家和地区人民的健康交流与发展。

表 3-1 "世界卫生日"主题（2000—2017 年）

年份	主题
2000	安全血液 从我开始
2001	精神卫生——消除偏见 勇于关爱
2002	运动有益健康
2003	创建未来生活 让儿童拥有一个健康的环境
2004	道路安全 防患未然
2005	珍爱每一位母亲和儿童
2006	通力合作 增进健康
2007	国际卫生安全
2008	应对气候变化，保护人类健康
2009	拯救生命，加强医院抵御紧急情况的能力
2010	城市化与健康
2011	抗菌素耐药性：今天不采取行动,明天就无药可用
2012	老龄化与健康，口号是"健康相伴,活力常在"
2013	降压让生活更美好
2014	病媒传播的疾病
2015	食品安全
2016	应对糖尿病
2017	关注抑郁症

在全球关注和重视人民体质健康发展的背景下，世界体育健康产业也获得了迅速的按照。世界健康产业大会（World Health Industry Conference，WHIC)是由多个国家相关机构共同发起的

健康产业国际性会展活动,由学术会议、产品博览、公益活动三部分组成,在每年的"世界健康日"开幕,为促进全世界体育健康产业的发展方面发挥了重要的推动作用(表 3-2)。

表 3-2　历届世界健康产业大会

届次	年份	大会主题
1	2012	人类的大健康革命
2	2013	人类健康产业的内涵与外延
3	2014	健康产业的机遇和挑战
4	2015	健康产业的转型和升级
5	2016	一带一路健康产业创新之路
6	2017	解读《健康中国 2030 规划纲要》,履行《联合国 2030 可持续发展议程》
7	2018	贡献中国智慧、促进世界健康

从全世界各个国家和地区对健康的重视程度,以及国际相关健康组织的积极活动组织来看,当前,全球性的体育健康氛围已经形成。

(二)国内背景

新中国成立以后,我国百废待兴,体育事业的恢复和发展在新中国成立初期就得到了高度的重视。同时,为实现"富国强民",我国非常重视大众健身事业的发展,强调积极参与体育运动,"增强人民体质"。

改革开放以后,我国国内的政治、经济、文化、体育等的发展都有了很大的改变。人民的生产生活方式、社会需求等也发生了很大的改变,1995 年 3 月,全国人大八届三次会议批准的《政府工作报告》中明确提出:"体育工作要坚持群众体育和竞技体育协调发展的方针,把发展群众体育推行全民健身计划,普遍增强国民体质作为重点。"大众体育健身走入人民的日常生活。

20 世纪 90 年代以来,我国经济快速发展,休闲社会的到来使得人们更加关注体育参与、关注健康,体育运动进入生产活动之外的"休闲",是倡导一种健康、文明、科学的新生活方式,体育健身极大地提高了人民的生活质量。中国共产党十七大报告提出要"广泛开展全民健身运动"。"全民健身"是开展全国体育工作的要求,是我国体育发展的重要指导思想。

进入 21 世纪以后,全民健身比 20 世纪更大范围地走进我国国民的生活视野,走进更多的家庭、走进更多人群、走进更多人的主流生活。全民健身、休闲体育成为我国阻挡"现代文明病""办公室疾病""肌肉饥饿与运动不足病"的重要良方和强大武器。2000 年,我国颁布《2000—2010 年体育改革与发展纲要》,确定了未来十年体育产业发展与改革目标,强化了体育产业的地位。2014 年,《国务院关于加快发展体育产业促进体育消费的若干意见》颁布指出,"将全民健身上升为国家战略"。2016 年,是我国体育发展非常快速的一年,这一年,国家颁布了更多的指导性文件来引导和规范我国全民健康的发展。如《全民健身计划(2016—2020 年)》,指出要深化体育改革、发展群众体育、建设"健康中国";《青少年体育"十三五"规划》,强调加强青少年体育、发展体育人才、建设体育强国;《"健康中国 2030"规划纲要》,指出要发展群众体育产业,促进全民健身与全民健康的深度融合。

近年来,我国体育发展实现了转型,我国群众体育事业取得了长足进步,以往牺牲群众体育,保全竞技体育的畸形发展已经发生了很大的转变。

新时期,为促进我国大众健康和体育健身事业与产业的发展,我国积极发展群众体育,大力推广多元化的体育健身运动,实施全民健身计划,并结合我国大众体育健身的发展情况,不断调整全民健身计划的目标和方向。2017 年,党和国家领导人在各重要会议和场合都提出,要更加关注民生、关注人民健康。2017 年 10 月 18 日,总书记习近平代表第十八届中央委员会向大会作报告,明确提出,"决胜全面建成小康社会","实现中华民族伟大复兴",坚决贯彻和实施"健康中国战略","完善国民健康政策,为人民群众提供全方位全周期健康服务"。指出中国特色社会主义进入了新时代,提出"实施健康中国战略"。

现阶段,我国全国范围内,大众健身氛围已经形成,人民群众参与体育健身活动拥有良好的社会、政策、文化环境,体育健身产业市场发展前景广阔。

三、全民健身背景下体育健身市场分析

(一)体育健身市场经济价值分析

近年来,我国社会经济发展快速,人民生活水平不断提高,人民群众也越来越重视生活质量的提高,体育健身休闲的消费观念发生了很大的变化,我国体育健身市场拥有良好的群众基础(消费者群体),人们的健身以及娱乐需求在体育健身场所得到了良好的满足,体育健身市场发展空间较大。

新时期,体育健身市场发展对我国国民经济发展具有重要的经济促进价值,具体表现在以下两个方面。

首先,人们对体育建设产业的需求度决定了体育健身产业的重要经济地位,随着我国产业结构的调整,第三产业发展迅速,人们的消费水平与方式发生了重要转变,体育健身事业的发展能充分满足大众健身的生理、心理、社交需求,发展前景非常广阔,可以进一步促进我国体育产业结构的优化,优化我国产业经济结构。

其次,体育健身产业发展可以有效的促进当地国民生产总值的增长,扩大市场范围,进而对其他产业的经济也有一定的带动作用[①]。

(二)体育健身下特色休闲小镇的形成

在当前娱乐休闲社会,人们享受丰富的文娱生活,也不仅仅满足于感官的冲击,人们更加重视心理需求,随着人们体育消费

---

① 舒琦.当前我国经营性体育健身事业的发展现状及问题探究[J].体育世界(学术),2018,783(9):33+35.

观念的转变和对消费质量的重视,当前的体育消费已经进入到了一个由文化引领的时代。人们对体育文化的追求已经开始逐渐上升到更高的精神层面。

从社会发展角度来看,我国社会各方面发展态势良好,为我国社会的进步与经济的快速发展提供了良好的契机,我国人民的生活水平也因此而有了大幅的提高,我国社会大众的体育休闲需求日益增长。

在全民健身时代,健身与休闲紧密联系在一起,健身休闲成为人民追求高质量生活的一种重要方法和途径,在强烈的市场需求,围绕体育健身休闲的特色休闲小镇应运而生,并快速发展,在健身产业快速发展中尝到了甜头。

所谓体育休闲特色小镇,是以体育休闲为主题,集体育休闲、文化、健康、旅游、养老、教育等为一体的健身发展平台和体育产业基地①。体育休闲特色小镇的出现并非偶然,而是顺应了我国体育健康事业发展趋势,是我国体育健康事业和体育健康产业发展的一种必然。近年来,我国发布的一系列与体育产业相关的政策和文件,为体育休闲特色小镇的建设和发展起到了保驾护航的作用(表 3-3)②。

表 3-3　体育休闲特色小镇建设相关政策

年份	文件名称	主要内容
2014	《关于加快发展体育产业促进体育消费的若干意见》	促进健身休闲项目发展,鼓励开老年人休闲运动项目开发
2016	《全民健身计划(2016—2020 年)》	培育具有消费引领特征的时尚休闲运动项目,如帆船、击剑、赛车、航空等
	《关于开展特色小镇培育工作的通知》	在全国范围内培育特色小城镇

---

① 池深,刘建坤. 美国、意大利、日本体育产业的发展及对我国的启示[J]. 江西师范大学学报,2008,32(6):747-749.

② 马文博,朱亚成,杨越,李平. 新时代我国体育休闲特色小镇建设的机遇、挑战与策略[J]. 辽宁体育科技,2018,40(4):5-8.

续表

年份	文件名称	主要内容
2016	《关于加快发展健身休闲产业的指导意见》	鼓励地方积极培育一批以健身休闲为特色的服务贸易示范区
	《"健康中国2030"规划纲要》	积极培育消费引领特征的时尚休闲运动项目,打造特色健身休闲示范区、健身休闲产业带
2017	《关于推动体育休闲特色小镇建设工作的通知》	到2020年,在全国扶持建设一批体育特征鲜明、文化气息浓厚、产业集聚融合、生态环境良好、惠及人民健康的体育休闲特色小镇

从体育产业角度来看,体育休闲特色小镇的建设和发展有利用我国体育健身产业、体育服务业与健康、养老、休闲、娱乐、医药等的融合,是新时代经济体的新兴产业[①]。

(三)体育健身与养老产业的互动融合发展

我国已经进入老龄化、高龄化社会,这意味着养老问题对社会介入需求的加大,特别是拥有较多闲暇时间的老年人的休闲问题,成为中国社会发展进程中日益突出且亟待解决的问题。关注老年人口的健康是我们要共同面对的问题,而与健康有直接联系的身体锻炼和休闲娱乐活动方法,又是保证老年人身体健康的主要内容之一。老年体育市场消费规模不断扩大,催生了体育养老产业新的商机。

体育产业和养老产业的交叉与渗透,可实现体育资源的共享与体育产业、养老产业两种产业发展的共赢。从发展理念、科技支撑、关联互补方面,体育产业、养老产业两种产业的融合模式主

---

① 林显鹏. 国外体育产业统计指标体系研究[J]. 天津体育学院学报,2000,15(2):14-17.

要有三种模式,即渗透融合、重组融合和延伸融合(图 3-1)[①]。

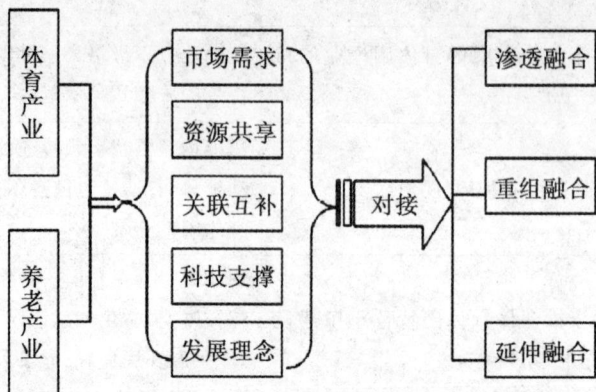

图 3-1

四、全民健身背景下体育健身业的科学发展

(一)推广大众健身文化活动

现阶段,我国大众健身群众基础广泛,多举办一些大众健身文化娱乐活动,使各种体育运动项目始终在社会体育、人们生活中保持热度,使关注和参与体育健身锻炼成为一种社会时尚,可促进大众健身发展,为社会体育产业和市场发展提供更加广泛的消费者群体。

需要特别提出的是,大众体育健身赛事是大众健身活动的一种特殊活动,大众健身赛事的开展对于大众健身活动的促进具有重要的积极推动作用。大众健身赛事与竞技体育赛事相比,观赏难度小,更具观赏价值,对引导和吸引大众参与体育健身活动具有重要促进作用。

---

① 刘志勇,杨少雄.体育产业与养老产业互动融合模式分析[J].泉州师范学院学报,2018,36(4):35-40.

(二)鼓励健身俱乐部入市运营

当前,各种大众健身俱乐部在我国体育俱乐部中所占的比例虽然不高,但是这一比例正在快速提升,我国大众健身市场前景广阔。

针对我国新兴起的广泛的健身市场需求,为鼓励体育健身产业发展,应放宽市场准入,鼓励更多健身俱乐部入市,不断提高我国体育健身产业市场活跃度。

(三)重视体育产业与市场管理

(1)发挥政府对体育工作的宏观管理职能,在加强多种行政权力对体育管理的投入的同时,促进体育文化产业的各市场实体的发展,推动市场的扩大。

(2)政府应提高自身管理队伍的素质。

(3)加强基层体育组织的改革加强基层体育组织的改革,政府应发挥其在基层体育组织建设方面的引导作用,调动社会各方面的力量,综合各方面的资源,促进基层体育的发展。

(4)注重加强相应的运动项目协会的建设,建立和完善相应的管理体系。

(5)注重新型的管理模式的探索,发展适应我国国情的体育竞赛管理模式。

(6)注重发挥市场在资源配置中的主导作用,开放体育竞赛市场。

(四)规范体育产业与市场秩序

在市场经济下,各种市场主体的经营行为具有自发性和利益驱动性,因此,难免会产生一些不当竞争行为,对此,必须规范体育健身市场秩序,促进体育健身市场的良性发展。

当前社会,随着现代化传播工具的快速发展,以及先进的大众传播理念的发展,利用大众媒体加强相应的法律法规的宣传和教育变得轻松而简单,这对体育产业与体育市场的规范化发展具有积极的意义。具体应做好以下工作。

（1）加强体育产业与市场法律法规的宣传,有利于大众树立正确的体育法制观、价值观,从而在人们进行体育消费行为时,规范自身行为、监督经营者行为。

（2）加强宏观调控,把握好体育健身市场的总体发展方向。

（3）制定具体的市场管理规范,确保体育消费者的合法权益的实现。提高体育健身市场从业主体的安全意识,在开发新的体育项目时重视加强权、责、安全管理,在此基础上,促进体育健身市场服务质量的不断提高。

（五）加强体育产业人才培养

推动社会生产力发展最为重要的因素就是人才。人才的培养和人才体系的构建是体育产业化发展的重要内容和手段,是影响体育产业的重要因素。

目前,在体育健身市场上,从事体育健身的服务、管理、技术指导人员多是来自于其他行业和专业,或者其他无关学科,体育专业技能知识和经验储备不足,体育健身服务质量不高、健身活动开展中存在安全隐患。对此,应注重体育人才的培养和使用等方面的制度建设。

（六）打造大众健身文化品牌

品牌是产品的无形资产,好的品牌对消费者具有很强的吸引力,品牌是市场主体追求竞技效益应该充分考虑的一个重要因素。在社会生活中,良好的品牌所具有的潜力,以及其对于企业发展的促进作用日益显现。当前,我国的体育发展水平相对较高,但是,体育以及体育文化的品牌等方面并未取得较好的优势。针对这一现状,应做好以下工作。

（1）政府、地区以及企业管理各方面都应该积极打造体育文化品牌,加强打造体育文化品牌的意识。

（2）体育健身企业应树立相应的强势品牌,打造自身的品牌文化和品牌理念,在市场竞争中树立起品牌优势,建立和打造优秀的体育文化产业的品牌,以有效推动体育文化产业的发展。

(3)体育健身企业应重视对外交流合作,积极借鉴国外成功的企业和产业发展经验,重视结合自身实际加强创新。

第二节　供给侧结构性经济改革与体育产业改革

一、供给侧结构性经济改革

(一)供给侧结构性经济改革的时代背景

从改革开放到进入 21 世纪,我国的社会经济与新中国刚成立时发生了翻天覆地的变化,随着我国社会经济的发展,我国的社会经济的供需关系问题日益凸显,而且面临着不可忽视的结构性失衡——"供需错位",现阶段,"过剩产能""中低端产品过剩,高端产品供给不足"严重制约着我国经济的发展,我国经济结构迫切要求转型。

长期以来,投资、消费、出口,是我国经济增长的"三驾马车",这是从需求侧出发,从拉动经济增长的因素入手,主要通过扩大投资、鼓励消费等方式扩大需求,对经济发展的分析。"三驾马车",是从经济运行的结果出发,对宏观调控进行短期逆周期调节。从经济发展和运行过程来看,是从结果对过程的倒推和控制。

"供给侧"与"需求侧"对应,更加关注生产要素的供给和有效利用,是当前我国经济改革的重要趋势,"供给侧"经济改革,强调顺应经济发展的过程,从市场经济主体入手,通过鼓励企业创新、促进淘汰落后、降低税费负担等方式,来从根本上增强我国的经济发展实力,促进我国经济改革的转型升级,从产业、企业角度观察认识和分析我国经济发展所遇到的各种问题,来推动经济发展,对我国经济发展更加负责任。

当前我国经济发展新常态下,经济结构调整是一种大逻辑、大格局、大趋势,是中国经济发展必须面临的改革,而这种改革必须从经济结构方面入手。

(二)供给侧结构性经济改革的意义

1. 解决我国经济新常态下的经济突出矛盾

就世界经济理论发展来看,注重扩大需求的凯恩斯主义、强调供给侧管理的供给学派理论,都是针对西方国家经济发展问题提出的,并不适用于我国的经济发展实际,面对当前我国的经济发展的宏观调控与市场调节共同规范市场经济发展的现状,各种经济问题的解决,"表象上是速度问题,根子上看是结构问题"。因此,供给侧改革,是我国经济科学可持续发展的必然选择。

经过多年持续发展,中国成为世界第二大经济体,长期以来,我国在粗放式发展惯性作用下,一些重化工行业和一般制造业形成了严重的产能过剩,不仅加大了经济下行压力,而且成为突破"中等收入陷阱"过程中的重负,发展到今天,中国经济进一步持续发展所面临的最突出矛盾,不是总量矛盾,而是结构问题,当前,我国经济长期积累的结构性矛盾,已经相当突出,严重影响了当前和之后的我国社会经济的持续发展,加强供给侧结构性改革正当时。

从结构方面实现经济发展的转型,从大规模的重复、低廉生产到注重结构调整、比例提高、效率提高、质量提高,能有效解决我国经济发展中的环境保护、资源节约、公共服务、社会公平等问题。

2. 促进我国经济发展的全面转型升级

新时期的经济结构改革,国家在相关政策方面强调"供给侧结构性改革","结构性改革"指向鲜明,经济改革,必须重点解决体制机制问题。

从产业结构发展来看,在世界范围内,我国的经济发展重点长期以来放在工业生产方面,我国服务业发展滞后,金融、养老、医疗、教育等市场准入门槛高,在我国第三产业所占的比重非常低(图 3-2)。随着我国经济的不断发展,第三产业对经济的贡献正在逐步增长(图 3-3),但服务业在我国第三产业中的比例过低,成为我国经济持续发展的短板,对此,新时期的经济改革必须重视第三产业的发展,提高服务业在第三产业中的占比。

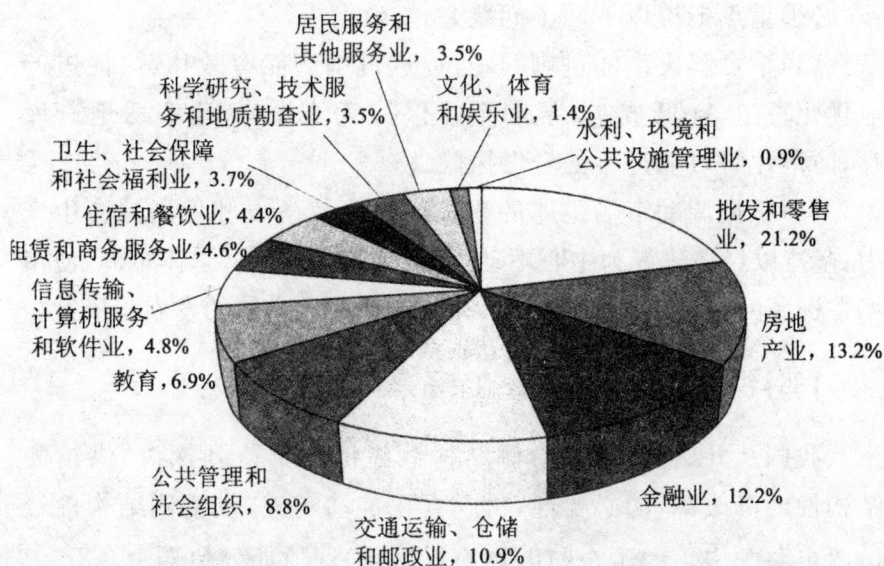

图 3-2①

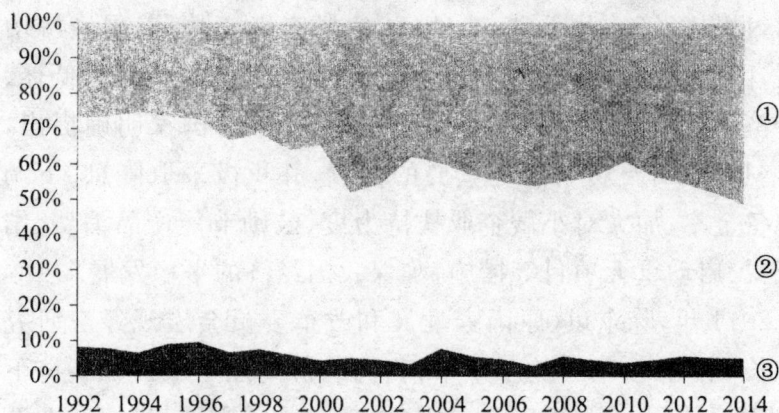

①第一产业　②第二产业　③第三产业

图 3-3

---

①　宋立,郭春丽,等．中国经济新常态[M]．北京:中国言实出版社,2015.

(三)供给侧结构性经济改革的侧重点

2008年的国际金融危机后,各经济发达国家为维持经济可持续增长,都进一步认识到了推动结构转型、改革原有经济运行模式势在必行。中国在今后,特别是在"十三五"时期推进结构性改革,必须重点把握以下两个问题。

(1)重点解决产能过剩问题,促进过剩产能有效化解,促进产业优化重组,降低成本,帮助企业保持竞争优势,化解房地产库存,防范化解可能产生的金融风险。

(2)积极调动市场主体的积极性。坚持解放和发展社会生产力,坚持以经济建设为中心不动摇,坚持"五位一体"总体布局,使市场在资源配置中起决定性作用,充分调动市场主体的发展积极性。

(四)供给侧结构性经济改革的基本过程

我国从开始认识"供给侧结构性经济改革",到探讨"供给侧结构性经济改革"的必要性,再到真正推动实施"供给侧结构性经济改革",经历了一个不断的探索过程,简要概述分析如下。

2012年,供给侧的相关理论在我国开始引起小范围的注意,当时,世界经济一片低迷——欧债危机充满变数、美国经济增速放缓,因此,中国经济走势万众瞩目。面对世界经济普遍低迷、中国经济下行压力加大的国际经济发展大环境,国家明确提出,把"稳增长"放到宏观调控更重要的位置,并积极采取降息、下调存款准备金率、加大对小微企业扶持力度、鼓励节能产品消费、结构性减税、启动重大项目等措施,确保我国经济的平稳发展。

2014年,陈东琪(原国家发展和改革委员会宏观经济研究院副院长)指出,改革开放多年来,我国经济高速增长。在经济下行期,宏观调控主要侧重于需求侧(内需和外需方面)进行。在新时期,我国经济全面稳步发展的情况下,应在总结以往需求侧调控经验的基础上,在供给侧(供给方面)做文章,利用政府的宏观调控着力放在激活微观活力(减税、金融改革等)方面,以促使企业降低成本,增加有效供给,提高发展能力。

2015 年 11 月,中央财经领导小组第十一次会议提出,要促进过剩产能有效化解,促进产业优化重组,习近平总书记发表重要讲话,强调要适应经济发展新常态,必须坚持稳中求进,坚持改革开放,加强供给侧结构性改革,增强经济持续增长动力。

2015 年 11 月 10 日的中央财经领导小组第十一次会议上,我国最高层第一次正式提出"供给侧改革"这一概念,习近平总书记强调,"在适度扩大总需求的同时,着力加强供给侧结构性改革,着力提高供给体系质量和效率,增强经济持续增长动力"。

2015 年 12 月 18 日至 21 日,中央经济工作会议在京举行,指出我国经济发展新时期的五大政策支柱(表 3-4)。

表 3-4　2015 年中央经济工作会议提出的经济发展政策精要

政策方向	政策内容
宏观政策	(1)加大减税政策实行力度,适当增加必要的财政支出、投资的基础上,弥补降税带来的财政减收,保障政府应该承担的支出责任。 (2)灵活实施稳健的货币政策,营造适宜的货币金融环境,降低融资成本,扩大直接融资比重,优化信贷结构,完善汇率形成机制
产业政策	(1)推进农业现代化发展。 (2)加快制造强国建设、加快服务业发展。 (3)提高基础设施网络化水平。 (4)坚持创新驱动,加快绿色发展,发展实体经济。 (5)激活存量,补齐短板,形成新的增长点
微观政策	(1)做好企业服务工作,为企业合法权益保护、投资信心提高、创新发展提供良好制度保障。 (2)破除市场壁垒和地方保护,创造良好市场环境。 (3)供给方面,实现有效、创新、高质量
改革政策	(1)完善落实机制。 (2)把握好改革试点。 (3)加强统筹协调,调动地方积极性。 (4)敢"啃硬骨头",改革要见到实效,提高群众获得感
社会政策	重视农业发展,树立大农业、大食物观念,发挥多种形式农业适度规模经营在结构性改革中的引领作用,实现农业与其他产业的融合发展

2016年1月26日,习近平总书记主持召开中央财经领导小组第十二次会议,会上深入研究了供给侧结构性改革方案,指出现阶段我国供给侧结构性改革的如下根本目的。

(1)提高社会生产力水平,落实好以人民为中心的发展思想。

(2)在适度扩大总需求的同时,去产能、去库存、去杠杆、降成本、补短板。

(3)加强和扩大生产优质供给,减少无效供给。

(4)提高供给结构适应性和灵活性。

(5)提高全要素生产率。

2017年10月18日,中国共产党第十九次全国代表大会在京召开,习近平总书记在十九大报告中明确提出,当前,中国特色社会主义进入了新时代,新时代我国发展的总任务是"实现社会主义现代化和中华民族伟大复兴,在全面建成小康社会的基础上,分两步走在本世纪(21世纪)中叶建成富强民主文明和谐美丽的社会主义现代化强国"。十九大报告总结了我国经济改革发展的成果,也指出了未来我国经济改革的方向和目标。

当前,我国正处于经济转型期,要促进我国经济持续不断增长,并确保经济增长的质量和效益,必须从以下两方面着手进行供给侧结构改革。

(1)鼓励非公有制经济,推动国企改革,提高经济效率。

(2)创新支撑发展,提高全要素生产率,提供经济增长持久动能。

二、供给侧结构性经济改革下体育产业结构调整

新时期,结合我国经济发展形势,要推动供给侧结构性改革,就必须深入推进"三去一降一补"(杨伟明,中共中央财经领导小组办公室副主任)[1]。我国体育产业的结构调整和体育产业发展

---

[1] 李莉. 供给侧改革:引领中国经济发展新常态[M]. 北京:红旗出版社,2016.

应顺应当前我国经济发展总趋势,同时在"三去一降一补"方面深化改革,以促进体育产业结构的优化。具体分析如下。

(一)去产能、去库存、去杠杆

1.去产能

去产能,重点关注"僵尸企业",通过处置"僵尸企业"来达到去产能的目的。具体做好如下两方面工作。

(1)继续化解过剩产能,严格执行环保能耗安全等相关法律法规标准。

(2)做好人员安置工作。

2.去库存

宏观经济结构方面,重点解决三四线城市房地产库存过多的问题,做到去库存与促进一亿农业人口市民化、棚户区改造、保障性住房建设、建立住房租赁市场四个方面的有机结合。

体育产业方面,要重点解决已经建好的体育场馆的赛后再利用问题,解决体育场馆的闲置问题,减少和避免资源浪费,实现体育场馆的多元化自主经营,杜绝政绩性工程的建设。

3.去杠杆

在控制总杠杆的前提下,将重点工作方针降低企业杠杆率方面,做好以下工作。

(1)支持企业市场化、法治化的债转股。

(2)加大股权融资力度。

(3)加强对企业自身债务杠杆的约束等。

(二)降成本

(1)应在减税降费降要素成本方面加大工作力度。

(2)降低各类交易成本,特别是制度性的交易成本。

(3)降低各类中介评估费用。

(4)降低企业用能成本。

(5)降低物流成本。

(三)补短板

补短板,就是要从严重制约经济社会发展的重要领域和关键环节、从人民群众迫切需要解决的问题入手,而不能单纯"保增长、扩投资",既要补硬的短板,也要补软的短板;既要补发展短板,也要补制度短板。

在我国体育产业中,服务质量差、产品质量低是明显的短板,要改变这些问题和现象,就应该从根源上找出问题所在,不断提高我国体育产业人才的培养质量和数量,鼓励和促进体育企业科技创新、文化创新。

三、供给侧结构性经济改革下体育产业市场绩效评价

体育市场绩效是指在一定的体育市场结构下,通过市场行为使整个产业在成本、利润、价格、产量、产品质量、品种及其技术进步等方面所取得的最终经济成果。体育市场绩效反映了体育市场运行的效率和资源配置的优劣。

针对体育产业的供给侧结构性改革思路,就是要从体育市场主体自身的创造性、创新性上去下功夫,通过合理化的资源配置、规模调整、技术创新,生产和提供优质的产品与服务,以增强市场活力、提高企业竞争力、提高体育产业的整体发展动力。

(一)体育市场资源配置效率

资源配置效率的主要体现是社会总效用或者社会总剩余的最大化,即社会福利的最大化。一般用以下三要素来评价一个市场的资源配置效率。

（1）生产者剩余：企业的销售收入与生产费用的差额。

（2）消费者剩余：消费者购买某一商品中获得的效用减去购买价格的净得利益。

（3）社会总剩余：生产者剩余和消费者剩余之和。

从经济和市场发展规律来看，市场竞争充分，市场机制运转良好，资源配置的效率就比较高；反之，如果市场竞争不够充分，市场垄断程度比较高，资源配置的效率就比较低。垄断竞争市场，垄断企业在市场供给中产量很低，但价格却很高，从消费者手中夺取了大量消费者剩余，资源配置效率低，社会福利水平低。此外，垄断企业通过大量的广告、提高进入壁垒的程度、特殊的产品差异化策略等市场措施所付出大笔费用都需要消费者承担，造成了社会资源的浪费。

体育产业发展进程中，体育企业在市场竞争中也追求利润最大化，需要做好预算、避免资源浪费，让企业实现利润最大化、让消费者实现剩余最大化，应重视合理市场资源配置效率的实现，具体应充分考虑以下要素。

（1）衡量产业的利润率。体育市场竞争与体育资源、体育企业的利润率和消费者福利都是呈正相关的。体育市场的竞争度越高，体育资源越容易在各个企业之间自由流动，各体育企业的长期利润率就更平均、稳定，体育消费者越能获得最多福利。

（2）衡量考察政府对市场的干预程度，以判断市场机制是否有效、稳定，是否存在市场失灵的情况。

（3）衡量市场集中度和进入壁垒的程度，判断市场竞争程度的大小，其实政府对市场的干预也是一种壁垒。

（4）衡量消费者对体育产品的需求情况，以判断体育产业到底能给消费者带来多少利益。

（二）体育产业规模结构效率

体育产业的规模结构效率，是从体育产业内部规模经济的实现程度的角度来考察体育资源的利用状况，具体包括以下两方面内容。

(1)经济规模的实现和利用程度。一个企业的经济规模的实现程度通常用达到或接近经济规模的产量占总产量的比例表示。现实中,能达到理想规模的企业较少,体育产业中的不同领域都存在着企业的产品供给达不到经济规模的现象,在体育休闲健身业中尤为普遍,多数企业规模小,运营成本高,资源配置效率低下。与此同时,体育产业中有些企业规模过大,经营能力过剩,如我国许多体育场馆能够充分利用的不足50%,闲置率高,造成了体育资源的严重浪费。

(2)经济的合理垂直结合及实现程度。体育产业发展过程中,各个具体的产业之间存在流程上的前后向关联,要实现体育产业内部结构的合理化,这些产业部门之间必须有一个恰当的比例。

(三)体育产业技术进步程度

技术进步是推动体育产业发展的重要推动力。一个企业的技术进步程度将直接决定该企业的市场竞争力。企业的技术进步程度主要通过经济增长的市场效果体现出来,主要反映出经济效率的动态效果方面。

产业技术进步,具体指企业在产品、技术、材料、工艺、标准的研究、开发过程中发生的各种费用总和。技术创新肯定会消耗经济资源,当然也需要资金的投入,技术进步和创新活动具有不确定性,技术进步和创新活动的后果有可能成功,也很有可能失败,这就需要企业结合企业发展情况综合考虑在技术创新方面投入的资源多少。

体育消费是一种体验性消费,体育企业所提高的产品与服务能让消费者直接感受做出消费体验评判,并决定是否进行下次消费,而技术的创新可以提高产品和服务质量,使企业的产品与服务更受欢迎,在市场竞争中更具竞争力。

第三节　信息时代体育产业的
"互联网+"发展业态

一、信息时代的到来

1946 年,第一台计算机问世,1969 年,互联网技术出现,信息化成为了人类社会生活不可或缺的内容,它改变着人们的生活方式与世界格局,信息技术的纵深发展,大大缩短了人与人之间的距离。

当前 21 世纪,在互联网技术的支持下,整个世界成为一个地球村,人际交流完全打破了时间和空间的局限性。

在信息化时代,拥有信息与知识优势的国家将在第三次科技浪潮中占据有利的位置。信息化时代,信息成为一种先进的生产力。

二、信息时代的体育产业变革

信息化时代,各种信息在社会经济各方面、多领域广泛应用,信息化在体育产业领域逐渐渗透。体育信息化,是指在体育领域利用信息技术进行的体育的教学、锻炼、决策等活动,包括体育信息处理的计算机化、体育信息传输的网络化、体育信息资源管理的数据化、体育信息应用的大众化、体育信息贡献的社会化、体育信息覆盖范围的全球化六个方面[1]。

体育产业领域,信息技术的发展引起了体育发展的重要变

---

① 马春伟. 健身信息化与居民体育意识及行为的相关性分析[J]. 运城学院学报,2018,36(3):71-75.

革,推动了体育教学的革新和课堂体制的改革,促进了竞技体育的竞赛实践和训练创新,提升了体育产业的信息科技化程度。信息化使得现代体育发生了巨大的变化①。

体育产业的发展和信息科技的进步紧密相连,可以说,体育科技创新是体育产业发展的核心动力。

近年来,以互联网为基础的各种体育产业平台迅速崛起,如运动 APP、运动手环、计步器、网络体育课堂等。虽然这些将信息与体育相结合的体育信息产业还存在不少问题,但不可否认,依托于信息技术发展的体育信息产业正在兴起。我国体育产业正面临着信息化带来的一系列问题,这些问题的解决将为信息化背景下我国体育产业的进一步建设与发展提供新的发展思路。

三、信息时代体育产业的"互联网＋"发展新探

"互联网＋"即"互联网＋传统行业",通过互联网推动体育健身的发展是体育产业在"互联网＋"发展中的新探索。信息时代与当前的全民健身全面发展,将体育健身与网络有机结合是大时代背景下发展的必然趋势。

在互联网时代,将人工智能与大数据应用到体育健身领域,是信息时代体育信息产业发展的新的尝试,可以在整个互联网上实现体育健身的全覆盖,可以说,只要有互联网的地方,就可以推广和普及体育健身。

随着"互联网＋"理念的日益成熟,人们只要拥有智能手机,就可以下载多种类型的健身 APP 客户端(表 3-5),根据个人生理指标接受健身指导和建议;根据天气信息、空气质量信息个性化定制或信息推送,接受穿衣、运动强度等健身提示;还能实现具有相同健身爱好者之间的线上和线下的交际、交往。

---

① 杨振华. 信息化时代我国体育变革与发展路径研究[J]. 安阳工学院学报, 2018,17(4):120-122.

表 3-5　运动健身 APP 简介①

APP 名称	副标题	开发商
KEEP	移动健身教练自律给自由	KEEP
咕咚	你的跑步健身运动社区	CODOON. Com
小米运动		Anhui Huami Information Technology Co, Ltd.
动动	运动计步跑步减肥教练	Manmanxiongdi
薄荷	减肥食谱 卡路里计算运动记录	BOOHEE TECHNOLOGY
轻加	携带减肥专家更有效的 轻运动、轻美食	Zhuhai Sanyitang Technology Co, ltd
悦跑圈	悦跑,悦享跑	广州悦跑信息科技有限公司
FIT 私人健康教练	韩寒推荐全民健身软件	上海律动网络科技有限公司
火辣健身	HOTBODY 时尚专业健身教练	BeijingFitcare Technology Co., Ltd.
乐动力	高效减肥健身服务	朗动科技

　　"互联网+"是一种新型的运营模式,同时,体育行业的发展时间不长、发展程度不深,"互联网+"与体育产业的结合中,使用何种运营模式、如何建立完善的市场监管体系、如何进一步规范体育企业在互联网网络营销行为等,都还需要进一步的探索。

----

　　① 王瑜,李锋,韩春利. 国内常见运动健身 APP 的试用及评价[J]. 湖北体育科技,2018,37(8):676-679.

第四章　国际社会新常态下的
体育产业的创新发展

　　在国际经济发展过程中,国际经济发展的"新常态"(New Normal)是 21 世纪经济学的一个新的词汇,最早出现在 2002 年澳大利亚媒体《老生常谈周刊》(CLICHE OF THE WEEK)中,之后,"新常态"一词被国际主流媒体广泛运用。2008 年的世界经济危机之后,国际经济发生了显著的变化,国际经济新常态更多地用于描述发达国家经济变化趋势,全世界范围内,各个国家和地区的经济发展联系日益紧密,经济全球化发展程度更深,同时面临着"投资回报率不高,风险大,经济增长缓慢,失业率高"的问题,各个国家和地区也更加注重经济合作,探索经济全球化发展背景下的区域经济发展优势,在体育产业发展方面还要充分考虑世界体育一体化的发展趋势,进一步完善体育产业结构、加速体育产业升级换代,成为当前包括我国在内的许多发展中国家面对世界体育产业宏观发展环境所必须思考的发展问题。本章主要研究当前结合国际经济发展形势与体育发展动态,以及我国基本国情、国际社会新常态下,我国体育产业的创新发展道路。

第一节　区域体育产业理论

一、区域经济与体育产业发展

(一)区域经济一体化

1."一体化"与"区域经济一体化"概念

区域经济一体化是经济全球化的一种形式。"一体化"(Integration)具体是指把各个部分结合为一个整体。

"一体化"一词出现后,开始广泛应用于各种领域,20 世纪 50 年代初开始,"一体化"广泛应用于国际经济活动研究,其含义也更多地表现为"多个国家独立的经济活动融合为紧密相连的一个整体的经济活动"。

世界范围内,荷兰经济学家丁伯根(Tinbergen)首次为"经济一体化"下了一个定义,指出经济一体化是"将有关阻碍经济最有效运行的人为因素加以消除,通过相互协作与统一,创造最适当的国际经济结构。"根据这一观点,他把经济一体化分为积极一体化和消极一体化两个部分。

1961 年,美国经济学家巴拉萨(Balassa)把经济一体化归结为一种状态和过程,就状态来说,经济一体化表现为各国间各种形式差别的消失,就过程来说,它包括旨在消除各国经济单位之间差别的种种措施。

根据地区范围,区域经济一体化有两种,即区域性的经济一体化(Regional Economic Integration)和世界性的经济一体化(World Economic Integration)。从目前来看,经济一体化主要是区域性的。

"区域经济一体化",关于其概念阐述,众说纷纭,综合各家之说,可以认为,区域经济一体化是"两个或两个以上的国家或地区,通过协商并缔结经济条约或协议,实施统一的经济政策和措施,消除商品、要素、金融等市场的人为分割和限制,以国际分工为基础来提高经济效率,获得更大经济效益,把各国或各地区的经济融合起来形成一个区域性经济联合体的过程"。

2. 区域经济一体化组织特征

在区域经济一体化进程和活动中,区域经济一体化组织发挥了重要的作用,其组织特征具体表现如下。

(1)区域经济一体化组织是一种政府间的、官方的、契约性的组织,它由两个或两个以上的独立经济体构成,彼此通过签署协定履行经济行为。

(2)区域经济一体化组织成员国的联合主要是在商品、服务、要素、信息、技术等方面,开始于消除壁垒,促进贸易、投资自由化,最终目的是实现要素市场自由化和全面经济技术合作。

(3)区域经济一体化组织各成员国为了实现经济政策的统一,需要国家经济主权一定程度上的限制与让渡。

(4)区域经济一体化组织具有排他性,体现为内外有别的歧视性政策。对内推行贸易自由化政策,加强合作;对外构筑贸易壁垒。

3. 区域经济一体化的形式

结合不同标准,区域经济一体化有多种表现形式,具体见表 4-1。

表 4-1 区域经济一体化形式

划分标准	表现形式
一体化范围	全盘一体化(Overall Integration,OI)
	部门一体化(Sectoral Integration,SI)

续表

划分标准	表现形式
一体化程度	优惠贸易安排(Preferential Trade Arrangements,PTA)
	自由贸易区(Free Trade Area,FTA)
	关税同盟(Customs Union,CU)
	共同市场(Cornmon Market,CM)
	经济同盟(Economic Union,EU)
	完全经济一体化(Complete Economic Integration,CEI)
经济发展水平	垂直一体化(Vertical Integration,VI),又称纵向一体化,又称为政治同盟(Political Union,PU)
	水平一体化(Horizontal Integration,HI),又称横向一体化

区域经济一体化不同形式简析如下。

(1)全盘一体化:对区域内各成员国的所有经济部门加以一体化。如欧盟。

(2)部门一体化:区域内各成员国的一种或几种产业(或商品)的一体化。如欧洲原子能共同体。

(3)优惠贸易安排:成员国通过签订协定,对相互之间全部或部分商品的进口规定特别的关税优惠(或免税)。该类组织比较松散,如东南亚国家联盟。

(4)自由贸易区:由签订有自由贸易协定的两个或两个以上的国家或地区组成的经济贸易集团。如北美自由贸易区。

(5)关税同盟:成员国之间在完全取消关税和数量限制的基础上同时实行对外统一的关税税率而结成的同盟。如欧洲经济共同体。

(6)共同市场:成员国之间完全取消关税与数量限制,建立对非成员国的统一关税,在商品自由流动的同时,实现生产要素(劳动、资本等)的自由流动的一体化组织。如1970年时的欧洲共同体。

(7)经济同盟:成员国之间不仅实现商品、生产要素的自由流动,建立共同的对外关税,并且还制定和执行统一对外政策,使一

体化从商品交换扩展到生产、分配以至整个国民经济。如目前的
欧洲联盟。

(8)完全经济一体化:各成员国实现了经济、金融和财政等方面的完全统一,是区域经济一体化发展的最高阶段。

(9)垂直一体化:经济发展水平差距较大的国家间结成的经济一体化组织。如亚太经合组织。

(10)水平一体化:经济发展水平相近的国家之间结成的经济一体化组织,如欧盟、东南亚联盟等。

在按照一体化发展过程中,不同的经济一体化组织表现出不同的特征与形式,以程度划分的区域经济一体化的六种形式对比见表4-2。

表4-2 六种区域经济一体化形式的比较

基本特征	优惠贸易安排	自由贸易区	关税同盟	共同市场	经济同盟	完全经济一体化
全部或部分商品关税优惠	有	有	有	有	有	有
废除商品关税与数量限制	无	有	有	有	有	有
对非成员国设立共同贸易壁垒	无	无	有	有	有	有
不限制生产要素的自由流动	无	无	无	有	有	有
成员国执行统一的经济政策	无	无	无	无	有	有
成员国执行统一的政治政策	无	无	无	无	无	有

(二)区域经济发展理论

1. 均衡发展理论

均衡发展理论,由美国的经济学家纳克斯提出,主张各地区、各产业应基本保持同步发展,通过平衡部署生产力,实现区域经济的平衡发展,它注重加大对落后地区、不发达产业的投资,以使各地区的产业平衡发展。均衡发展理论适用于较高发展阶段和较小地区。

(1)均衡发展理论的积极性

坚持均衡发展,有利于促进社会公平、缩小地区间发展差距和维护社会稳定,在经济发展到一定阶段的时候有利于区域和产业协调发展。

(2)均衡发展理论的局限性

第一,不发达地区通常不具备平衡发展的条件,一般区域,特别是欠发达区域,少量资金投放不能获得较好效益,也不拥有推动所有地区、所有产业同时发展的雄厚资金。

第二,忽略了地区间公平和产业发展效率。各地区间经济发展条件差异性大,投资效率和经济效果不同,地区投资效率也会有高低之分。

2. 梯度推进理论

梯度推进理论由美国哈佛大学教授弗依等人首创的"工业生产生命周期阶段论"发展而来,区域经济学的研究者将"工业生产生命周期阶段论"引入了区域经济发展研究中,创立了区域经济梯度推进理论。

梯度推进理论主张产业和要素从高梯度到低梯度有序发展,主张经济效率放在区域发展和生产力布局的首位,强调效率优先,兼顾公平,适用于工业化初期的宏观经济布局,在制定地区发展战略时具有重要的意义。

(1)梯度推进理论的积极性

第一,符合经济发展的一般规律,有利于提高经济发展效率。

第二,基础是不平衡发展规律,承认了区域间不平衡的现实,通过产业要素从高梯度到低梯度的转移,带动条件差的地方发展。

第三,适应性强,经济发展水平不同的地区,经济发展会呈现出明显的梯度性,梯度发展符合地区发展特点。

(2)梯度推进理论的局限性

第一,地区经济差异大,梯度的划分难以科学、精确。

第二,忽视了落后地区有相对发达地区,高梯度地区也有落后地区的事实,可能把不同梯度地区发展位置凝固化,扩大差距,造成两极分化。

3. 增长极理论

增长极理论由法国经济学家佩鲁提出,佩鲁指出,经济空间并不是均衡的,增长不是在所有部门同步进行的,而是以强度的不同首先在一些部门快速增长,并形成极化的过程,然后通过不同的渠道向外扩散,由此对整个经济产生不同的终极影响。

增长极理论强调关联推动效应,在规模大、创新能力强、增长快速、居支配地位的产业部门更容易发挥作用。

(1)增长极理论的积极性

第一,适应广泛,尤其对不发达地区经济发展有很强的现实意义。

第二,有利于发挥政府的作用,弥补市场的不足。不发达地区经济发展往往会存在着许多问题,如市场机制不完善、资本稀缺、信息不充分等,仅靠自然发展难以获得成功,因此需要政府部门的干预。

第三,有利于根据经济发展特征及资源聚集优势,科学分析各地的地理位置、人力、财力、物力及技术条件,选择具有优势的产业发展地区(城市)。

第四,增长极理论的核心是通过资本、技术等生产要素的快速高度集中,形成规模经济,在快速发展的过程中,对相邻地区产生强大的扩散效应,带动这些相邻地区共同发展。增长极理论在体育经济的区域发展中起着重要的指导作用。

(2)增长极理论的局限性

增长极的培育和成长有一个过程,极化效应在开始阶段表现强,周边地区生产要素会流向增长极,因此,可能加大增长极与周边地区的贫富差距。

4. 点—轴开发理论

点—轴开发理论由波兰经济学家萨伦巴和马利士最早提出,

是增长极理论的延伸,适用于经济发展欠发达地区,对经济欠发达地区经济发展有重要推动作用。

点—轴开发理论,充分考虑了区域经济发展的不平衡性,强调"点"的增长极和"轴"的交通干线的作用,认为区域经济发展中,经济"增长点"和经济"增长轴"是区域经济增长的发动机。点—轴开发理论注重地区发展的区位条件,强调交通条件在经济增长中的重要作用。

点—轴开发理论具有以下特点。

(1)点—轴开发理论是增长极理论的延续,与增长极理论相比,点—轴开发理论强调的是一种地带开发,在推动地区经济发展方面,作用更大。

(2)在空间结构上,点—轴开发理论强调经济发展的点线面相结合,注重传统与发展的结合,呈现出一种立体网络结构的态势。

(3)在经济发展侧重点上,一方面要求改造、更新、扩散、转移那些已经有的传统产业;另一方面又要求全面开发新区,以达到平衡经济布局的效果。

(4)点—轴开发理论应用的时机应该在经济发展到一定阶段后,区域之间发展差距已经不大,区域经济实力已允许较全面地开发新区的时候①。

5. 循环积累因果理论

循环积累因果理论由瑞典经济学家缪尔达尔提出,是在解决增长极理论局限性问题的基础上提出的。

和其他区域经济发展理论相比,循环积累因果理论提出了一种政策主张,即政府应该在经济发展的初期,采取非平衡的发展战略,优先发展有较强增长势头的地区,以获得较快的增长速度和较好的投资效益,最终通过扩散效应,带动其他地区的发展。

---

① 丛湖平. 体育产业理论与实践[M]. 北京:人民体育出版社,2006.

循环积累因果理论适用于我国多区域的经济发展,要求政府在制定区域经济发展决策时,采用政策调节机制,促进优势区域经济快速发展,同时,刺激落后地区积极借鉴成功的经济发展经验,以优势地区引领落后地区,最终实现全面发展。

(三)区域体育产业发展要素

1. 生产技术

区域体育产业发展过程中,生产技术是体育产业发展的重要动力因素,生产技术的进步可以使相同的生产要素投入量获得更多的产出,通过技术引进、技术贸易等方式,不仅能促使科技要素之间的互补性区际流动,还能使各地区都能不同程度地分享科技进步带来的成果,促进体育产业的成长和发展。

2. 劳动力

一个区域的人口数量、人口结构与整体素质等各方面的综合特征,在一定程度上决定了该区域体育产业经济的发展。

就区域人口数量特征来说,劳动力对区域体育产业发展的作用主要表现在以下两方面。

(1)一个地区的优秀运动人才的数量多少,在很大程度上决定着该地区竞技体育观赏服务产品的类型、数量和生产水平。

(2)一个地区的人口结构与整体素质是决定该地区体育消费市场有效需求的重要因素之一。如果一个地区的人口与劳动力资源条件从数量、质量特征等方面得到良好的改善,就必将促进区域体育产业的发展。

3. 生产规模

区域内体育产业的发展,实际上是有关体育产品生产的自然条件、资源、资本、技术、劳动力资源等要素的投入和组合的动态过程。体育产业的发展必须要靠这些要素的共同作用,而这种作用的效果则取决于各要素之间配合的合理程度,应该按照不同区域的特殊情况来有机组合各种体育的生产要素,提高生产要素组合的优化程度,才能形成该区域内最优的体育企业生产规模。

4. 经济环境

在区域体育产业经济增长与发展中,体育经济发展的环境会对该地区的体育产业发展产生重要的内在或外在的影响,因此,区域体育产业发展的环境包括内环境、外环境;硬环境、软环境。

以体育产业发展的经济硬环境和软环境来说,体育产业发展的良好的软环境包括:科学先进的体育管理体制;合理的区域财政政策、产业政策、货币政策等;相关法律制度的健全;国内政治局势的稳定等。体育产业发展的良好的硬环境则是指当地的体育基础设施的建设,如体育场馆、社区体育健身路径、体育器材和设备资源、体育旅游自然资源等。

5. 资本量

体育资本是体育产业发展的重要基础,从区域体育产业增长与发展的角度来看,资本可包括物质资本、人力资本和金融资本。一个区域的资本来源主要依靠"储蓄",其构成实际上就是该区域在一定时期内的资本存量。

一般来说,在其他条件相当的情况下,一个区域内可用于体育经济发展的资本存量越多,就意味着该区域体育产业资本投入量的增加也越快,就能越有力地推动区域体育产业的发展。

(四)体育产业资源区域分布

1. 省区分布

我国幅员辽阔,不同地区的经济、文化、社会发展水平差异较大,2002 年中国现代化报告课题组研究结果表明:我国 34 个地区(31 个省级行政地区、香港特区、澳门特区和台湾地区)的发展很不平衡。我国体育资源配置的不合理突出地体现在不同地域之间,不同地域之间的体育资源配置差距很大。

以体育事业经费为例,我国大城市,如北京、上海等的人均体育事业费要普遍高于我国西部地区的人均体育事业费。

以体育场馆建设为例,第五次全国体育场地普查发现,由于受各地区经济因素的影响,我国体育场地在各省、自治区、直辖市的数量上表现出较大的差异。广东省以 77 589 个体育场地数居首位,西藏地区以仅有的 1 057 个体育场地数量排在末尾,仅占全国体育场馆总数的 0.12%,地区间体育资源配置差距明显。

2. 城乡分布

城乡二元制结构是我国的特殊国情之一,城乡二元结构人为地加大了工农差别,造成了一种城乡分化的局面,城乡二元制背景下,我国城市和乡村的政治、经济、文化、体育等发展的不平衡,导致了城乡各种经济资源拥有量的不平衡。

体育人力资源方面,第五次全国体育场地普查结果显示,我国体育场馆设施在城乡之间明显存在不平衡的现象。城乡体育人力资源的配置也是不均衡的,绝大部分高水平的教练、师资、社会体育指导员多分布在城市,而农村很少。

体育资金、体育设施、体育信息等方面,城乡之间的资源分配也是不合理的,这种情况严重制约了我国体育事业的全面发展。

二、区域体育产业经营管理模式的科学构建

(一)构建科学体育产业经营管理模式的必要性

从经营管理对企业和产业发展的重要作用来看,经营管理者必须严格履行经营管理职责,并积极开拓创新,才能达到预期计划目标。

产业经营管理过程中,经营管理者必须结合产业发展的宏观形势和地区特点,采取科学、进取的管理策略,使经营的组织体注

入动力,同时使经营者降低风险,发挥多方位经营的优势,在组织运作过程中力求创新,不断地创新、发挥多方位经营特色,才能降低经营管理风险,并实现经营管理的稳定发展。

体育产业经营管理的过程,从表面上看是在既有的制度范畴,设定组织构架,一切按照计划执行,经营管理的职责似乎是组织和制度运作后的消极把关作业,为适应各种不同性质及规模的体育企业,其经营管理要多设计不同的执行模式,以坚强的组织架构来执行复杂的经营管理任务。因此建立一个精简、有效的体育产业经营管理模式的组织架构是非常有必要的。

(二)体育产业经营管理模式建构要求

(1)掌握管理的必要事项。

(2)结合横向独立组织,规模适度,避免组织臃肿。

(3)组织架构精简、有效率,明确职责。

(4)保持组织弹性、充分授权。

(5)设立任务性、功能性组织,取代常设单位,于任务完成后解散。

(6)制定报表系统流程,辅助组织管理。

(三)体育产业经营管理模式体系内容

体育产业经营管理模式体系结构主要包括:职责和权限、组织结构、资源和人才、工作秩序、技术状态管理等部分,通常主要由以下几个系统组成。

(1)资源系统:一类是人才资源和专业技能;另一类是产品质量形成全过程必需的装置、设备、检测手段等。

(2)经营系统:企业战略经营、资产经营、产品经营。

(3)管理系统:总经理、副总经理、部门经理、管理人员。

(4)业务系统:设若干个主要部门——行政管理、开发、市场营销等部门。

(5)质量保证系统:质量标准、监控措施、检测手段。

三、我国体育产业的区域化发展典型:"一带一路"下的体育旅游产业发展

(一)我国体育旅游产业发展的区域优势

整体来说,我国各地体育旅游产业发展表现出明显的地域性差异,这种地域性差异使得我国各区域在不同区域体育旅游发展中具有不同特点与优势,使得我国全国范围内的体育旅游在与周边国家相比具有区域特点和优势。

我国体育旅游产业的内部、外部区域发展特点与优势具体分析如下。

(1)我国体育旅游产业发展与地区经济具有明显的关联性,经济发达地区体育旅游产业发展程度高,经济落后地区体育旅游产业发展落后。我国东部经济发达地区游泳良好的体育赛事资源、经济基础、信息资源。就经济状况来讲,我国东部沿海地区经济发达,经济水平发展较高的城市较多,各种体育赛事的举办主要集中在大城市,而我国西部地区经济较为落后,体育赛事举办较少,因此,围绕体育赛事开展的各项体育旅游主要集中在经济发达的大中城市。

(2)体育旅游产业发展与区域体育资源有密切的相关性,体育资源较多的地区体育旅游产业较发达,反之,体育旅游资源少的地区体育产业发展程度低。我国地域广阔、东西南北跨度大,各地区的体育旅游区域特征明显。在不同的体育旅游资源分类中,如体育自然旅游资源和体育人文旅游资源方面也存在着区域性差异。因此,我国各个地方的体育旅游资源具有浓郁的地方特色,存在着鲜明的地域性特征。例如,我国的不同地区的少数民族体育活动就具有鲜明的地方特色,也因此吸引着不同的体育旅游消费者。再如,我国北方冬季寒冷,冰雪覆盖率高,体育旅游产业主要围绕冰雪体育活动开展,而我国南方水域丰富,南方地区的水上项目则是吸引体育运动爱好者向往和消费的一个重要的

体育旅游产品。

在"一带一路"经济发展带上,我国有良好的赛事优势(表4-3),2022年,我国将举办冬季奥运会,借着这股冬奥会举办的热潮,我国冰雪旅游人次将会迎来一个高峰期。

表4-3 2018年我国国际体育赛事

时间	地点	赛事
1月7日	厦门	国际马拉松
3月3日至4日	长春	世界速滑短距离锦标赛
3月22日至26日	南宁	中国杯体育锦标赛
7月30日至8月5日	南京	2018年体育世锦赛
12月3日至12月8日	杭州	2018年短池游泳世锦赛

(二)"一带一路"倡议下我国体育旅游产业的创新发展

随着我国体育产业的不断发展,体育旅游作为体育产业的主导产业,获得了较快的发展。现阶段,从我国国内体育旅游和周边国家体育旅游的发展现状来看,整体来说,我国体育旅游资源丰富、市场潜力大,在世界体育旅游中独具区域体育旅游资源优势。

"一带一路"是国家对发展国民经济而提出的伟大倡议,目前正在如火如荼的实施当中,对于我国体育旅游产业发展来说,应积极抓住这一良好的契机,不断寻求我国体育旅游产业的比较优势和可持续发展道路,不断提升我国体育旅游产业在国际体育旅游中的综合竞争力。

新时期,我国提出"一带一路"的伟大设想,在各项政策的指导下,我国体育旅游产业在国际体育旅游市场中具有了良好的政策优势,为我国体育旅游产业所创造的良好环境,我国体育旅游产业应抓住机遇,积极推广我国体育旅游产品和服务,以不断扩大我国体育旅游产品和服务的知名度、美誉度,吸引更多的国外游客。

以我国新疆地区为例,新疆是我国发展"一带一路"经济带的核心区域,新疆居"神州大陆之脊",是全国地缘形势中的上游地带,是古"丝路之路"连接内外的关键环节地区。新时期,我国非常重视对外经济发展,提出"一带一路"倡议,当前,新疆地区更是新时期"一带一路"的重点交通枢纽地区。我国新疆地区具有丰富的冰雪运动旅游自然资源,因此,在我国良好对外经济贸易政策支持下,我国新疆地区可大力开展对外冰雪运动旅游。

以我国沿海大城市的体育旅游产业发展为例,在我国海上丝绸之路上,可以充分利用我国的海岸线长的优势,利用海上便利交通,开发和推广滨海休闲旅游。

第二节　经济全球化背景下我国体育产业的宏观发展

一、经济全球化概述

(一)经济全球化的概念

关于经济全球化,国内外学者有过不少针对性的研究与探讨,不同的学者从多个角度对经济全球化的定义作出了相关解释(表4-4)。

表4-4　经济全球化概念多元解析

	学者	概念界定
国外学者	西奥多·莱维特	经济全球化指"商品,服务,资本和技术在世界性生产、消费和投资领域中的扩散"
	安东尼·吉登斯	经济全球化是世界经济的一个根本性的变化,这些变化包括通讯技术,国家间实物贸易的形式,信息和货币
	莱斯利·斯克莱尔	以经济全球化为核心,其基本内容包括通信、旅游及生态的全球化,而以文化、社会、政治的全球融合为直接变化趋势

续表

	学者	概念界定
国外学者	汤姆·G·帕尔玛	国家政府对国际交换行为的限制的减少和消除以及生产和交换加速的一体化和其综合全球机制的形成
	阿兰·波努瓦	从国际经济向真正的全球市场的转变
中国学者	王勇	由于生产要素特别是资本的跨国自由流动,造成生产资源的全球性配置
	周圣奎	各国经济相互依赖、相互渗透日益加深,阻碍生产要素在全球自由流动的各种壁垒不断削减的历史过程
	李长久	在国际体育市场中,分散的经济活动实现了在某种程度上功能的一体化

(二)经济全球化的形成

20 世纪 80 年代末 90 年代初,信息化时代正式到来,在新技术革命的支持下,人们进入了全球网络化时代,科技和信息的不断进步为经济全球化的发展提供了更加科学的技术上的保障。再加上 WTO 的正式成立(1995 年),全球多边贸易体系开始形成,这些世界范围内的经济变化都为 21 世纪经济全球化的发展提供了必要条件。

就国际经济发展趋势来看,虽然在世界许多国家和地区,贸易自由和资源的自由配置仍然存在诸多障碍,但不可否认,经济全球化正在打破区域之间经济壁垒的趋势已成定局,世界范围内各个国家和地区之间经济联系日益紧密。

新时期,经济全球化发展对各国的社会、经济发展产生着重要和深远的影响。

二、经济全球化对我国经济的影响

(一)加快了我国经济增长

经济全球化发展背景下,世界范围内的生产要素快速且大规模地流动,全世界范围内的资源优化配置成为可能,全球范围内,资源配置更合理,生产成本得以有效降低,各国间的经济互补日益凸显。

在经济全球化发展过程中,和国外经济发达国家相比,我国存在不少劣势,导致了我国在国际市场经济中的竞争能力不高,如缺乏技术创新、人力资源丰富但利用率低、对各种体育资源的配置不合理等,这些都制约了我国体育经济的优化发展。

针对我国体育经济发展的不足,应积极采取合理政策和相关措施,为利用这些资金和技术做好准备。

(二)改善了劳动力福利

经济全球化,促进了产品、服务贸易以及资本在全世界范围内不断流动,这就使得全世界范围内劳动力对市场经济的参与甚至可以在不发生任何国际人员流动的情况下出现,因此,经济全球化发展可促使不同国家之间的要素价格趋向于一致。

(三)科技创新与应用

产品生命周期理论指出,低技术含量的产品会在市场经济发展中被逐渐淘汰,发达国家的产品更多的是科技含量高、创新性产品,这样的产品在市场竞争中,才具有优势。

经济全球化发展背景下,世界化产品生产成为可能(产品资源来自世界各地)。而那些被发达国家"淘汰"的技术流入发展中国家,我国是最大的发展中国家,这些先进技术无疑可为我国技术发展与创新提供参考与启发,有利于刺激我国科学技术的创新与应用。

三、经济全球化背景下我国体育产业的发展挑战

现阶段,人类科技发展迅速,一个产品的生产周期在不断被缩短,这对全球资源的调动是全方位的,"牵一发而动全身",世界

各经济体被紧密地联系在一起,全球经济、信息的变化可引起连锁反应,在经济全球化的大环境中,金融危机的影响是全球性的,任何参与经济全球化的国家和地区,发达国家和发展中国家都会受到冲击,不可能避免受损。

经济全球化背景下,我国体育产业发展面临以下挑战。

首先,在经济全球化背景下,发达国家向发展中国家转移产业是必然的,但是,不难发现,这些产业主要集中在密集性生产性产业,其根本目的是在利用发展中国家的廉价生产要素,最重要的就是廉价的劳动力要素。针对此,我国必须加强体育产业技术创新,提高我国体育制造业、服装业的竞争力,并重视竞技体育运动训练技术创新,促进我国体育竞技水平的不断提高,以此来带动我国体育竞赛业、体育培训业的发展。

其次,在全球化条件下,由于不同国家和地区之间对信息的拥有、利用、传递等具有不对称性,富裕国家和地区往往更先获得丰富、全面的信息和科技,这就会导致,发达国家和贫穷国家之间的差距可能越来越大。面对这一情况,我国应重视体育信息产业的发展,重视完善的网络信息系统的建立与维护,重视体育产业的网络营销,加强体育信息网络安全管理,促进我国体育信息产业的快速、健康发展。

第三节　体育俱乐部与体育竞赛的发展

一、体育俱乐部的发展

(一)我国体育俱乐部的总体现状

1. 我国健身体育俱乐部发展现状

当前,我国健身体育俱乐部随着全民健身的开展如雨后春笋不断出现,体育健身市场活跃。调查发现,我国商业健身体育俱乐部的经营管理形式主要是总经理负责制,组织结构与管理方面存在四个层次。

（1）高层管理者：总经理和副总经理,或设董事长、总经理。

（2）中层管理者：各部门经理、区域经理等。

（3）基层管理者：各项目主管、领班、设备运行主管等。

（4）一般工作人员：各项目的服务人员及勤杂人员等。

过去几年,我国体育健身事业发展迅速,大众健身需求旺盛,我国商业健身俱乐部发展迅速,许多社会资金投入到体育健身市场,各健身商业俱乐部之间的竞争也较为激烈,很多俱乐部在前期可能大幅盈利,但是其后便陷入亏损状态。

经过了前几年的野蛮发展,现阶段,随着我国健身市场的逐渐发展成熟,我国体育健身市场进入一个有序发展的阶段。

当前,市场竞争方面,商业健身俱乐部的管理者开始逐渐认识到价格竞争不利于俱乐部的长远发展,为了更好地促进人们参与商业健身俱乐部,纷纷开始主动提升服务的质量,增加顾客的满意度,同时,各健身俱乐部开始改变盲目投资的状态,认真分析市场,并科学管理。定位明确、管理科学、盈利模式多样的商业健身俱乐部逐渐在商业健身行业站稳脚跟,这也为市场经济中其他商业健身俱乐部的发展提供了参考。

2. 行业协会势在必行

市场经济条件下,体育市场的发展不仅需要市场的自由调剂,也需要政府制定相关的市场政策标准,对体育经济市场进行发展规范,如此有利于实现市场体育资源的有效配置,更重要的是,能有效避免受到利益驱使而使市场主体产生各种不正当的竞争行为,避免市场秩序受到干扰。

就我国体育商业健身俱乐部的发展来说,我国体育商业健身俱乐部是体育产业中的一个新兴市场,如果没有必要的行业监管,则会出现俱乐部之间的恶性竞争,会扰乱市场秩序,还会造成体育资源的浪费。体育行业协会在体育市场规范和体育市场监管中发挥着重要的作用,是监管主体。

3. 我国职业体育俱乐部发展现状

我国职业体育运动的开端始于足球项目,之后在其他运动项目逐渐渗透,最初尝试且发展势头不错的项目有篮球、排球和乒乓球,他们分别于1995年、1996年底和1998年实行了主客场形式的职业俱乐部联赛。尽管因各种原因出现过转制、重组等多次办办停停的情况,但这些职业赛事(如CBA联赛、乒超联赛)在逐渐稳定后,一直延续到今天。

目前,我国职业体育俱乐部的类型大体上可以分为三种,分别为官企联办型、有限责任公司型和股份有限公司型。

(1)官企联办俱乐部:通常由原来的专业队向职业队过渡形成,现阶段,我国多数体育运动项目的职业俱乐部都是这种类型。

(2)有限责任公司:俱乐部具有企业法人资格,按《公司法》规定的设立条件在工商行政管理部门注册登记。

(3)股份有限公司:依照《公司法》的有关规定设立,俱乐部全部资本分为等额股份,股东以其所持股份为限对俱乐部承担责任,即俱乐部由若干个企业共同出资组建。目前,这种俱乐部在我国还处于萌芽阶段。

(二)我国体育俱乐部的发展策略

1. 建设俱乐部文化,创建品牌

俱乐部文化,是指俱乐部长期以来形成的成员共同的价值认同,是俱乐部发展的精神支撑。

(1)俱乐部精神文化建设

①确定俱乐部目标

目标是俱乐部的发展指导,能为现阶段俱乐部的发展提供一个明确的发展方向,使工作人员明确自己以后努力的方向,并可以有效了解行业发展动态、公司发展方向,做好职业规划。对于企业来说,则有助于科学经营与管理决策。

②明确价值观

价值观是一种思想规范,对个体和群体的行为有重要的影响。科学的价值观包括四方面内容(表 4-5)。

表 4-5 体育俱乐部价值观体系构成

价值观类型	价值观内容
经济价值观	有明确的经济价值取向、经济行为准则。但绝不是毫无底线地赚钱
社会价值观	充分认识到并敢于担当改善社会环境,解决社会问题方面的责任
伦理价值观	正直、诚实、公平、诚信
政治价值观	关注就业、福利、慈善等问题,树立良好的俱乐部品牌与形象

③俱乐部精神

俱乐部精神是俱乐部所属运动员、教练员的精神指导,是俱乐部全体成员的体育观的具体表现,如我国足球职业俱乐部中,卓越是鲁能足球精神,具体表现为"三敢"精神——"敢想、敢拼、敢于胜利",是鲁能精神在足球竞赛领域的延伸和具体化[①]。国安俱乐部在提出"国安永远争第一"的口号后,又推出了中国职业足球的第一首队歌——"国安永远争第一",队歌在维系球队文化与球迷间发挥了重要纽带。[②]

(2)俱乐部制度文化建设

俱乐部的良好可持续发展,离不开俱乐部制度文化的建设,合理的制度可促进俱乐部各项经营管理措施的正确决策、顺利实行,有利于俱乐部的综合效益最大化地实现,因此,建立科学合理的俱乐部制度,是俱乐部长远发展的重要基础。

---

① 宋晓修. 山东鲁能泰山足球俱乐部品牌创建研究[D]. 武汉体育学院,2008.

② 徐泉森. 北京国安足球俱乐部的文化建设研究[J]. 体育文化导刊,2016(5):138-141.

2. 制定科学营销策略,积极创收

就当前我国俱乐部市场发展来看,我国俱乐部的营销策略主要有如下几种,各商业健身俱乐部和职业体育俱乐部均可结合自身情况有针对地选择其中一种或多种营销方式开展营销计划和落实营销措施,以为俱乐部创收,促进俱乐部的长远发展。

(1)关系营销

关系营销强调俱乐部应重视与顾客保持长期的、相互依存的关系,发展顾客与俱乐部与产品间的连续交往,以提高顾客的品牌忠诚度,稳固俱乐部市场。同时,俱乐部的发展也离不开赞助商、广告商、电视台、政府、社区等,俱乐部应与这些组织和结构也保持良好的关系。

(2)文化营销

文化营销是俱乐部的价值观念的营销。在体育俱乐部的发展过程中,俱乐部文化是拉近俱乐部与球迷之间关系的重要纽带,一旦球迷认可了这种文化,就会对俱乐部的各种体育行为和体育活动产生信任感,这种信任感是球迷体育消费动机的重要来源,对俱乐部的价值、文化认可,可以使得球迷愿意购买俱乐部的产品,表达对俱乐部的支持。

(3)网络营销

网络营销,是指借助联机网络、电脑通讯和数字交互式媒体进行的营销方式。

在当前信息时代,网络营销是一种新兴的体育营销方式,其能有效降低交易中间环节所产生的各种人力成本、时间成本、物力成本,可以使整个营销过程更加快速、高效。

此外,网络营销符合现代许多年轻人的消费观念,能为诸多消费者接受。我国许多俱乐部,如广州恒大足球俱乐部,开始尝试网络营销,建立了较完善的网络营销模式(图4-1)。

就目前我国俱乐部发展现状来看,俱乐部的网络营销还处于初级阶段,各大俱乐部的网络营销并没有成立单独的部门,隶属于市场部,营销专员多为兼职,在管理和业务开展方面还需要进一步的发展完善。

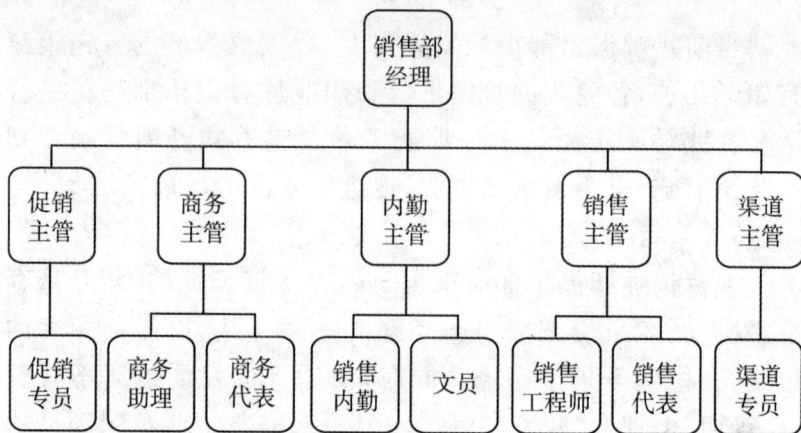

图 4-1

二、体育竞赛的发展

现阶段,世界范围内,我国体育竞赛业的整体发展与发达国家还存在一定的差距,但是随着我国综合国力的不断上升,我国社会经济各方面都有了很大的发展,尤其是国家对体育事业发展的重视,进入 21 世纪后,我国的各种大小体育赛事不断,我国还成功举办了 2008 年第 29 届夏季奥运会,圆了百年奥运梦。在即将到来的 2022 年,我国还将举办冬季奥运会,届时北京还将成为第一个同时举办过夏季奥运会和冬季奥运会的城市。这都表现了我国承办国际体育竞赛的能力的不断提升。

结合我国赛事发展,这里重点对我国已经逐渐成熟的赛事组织和运作经验进行简要解析。

(一)体育赛事组织

1. 组织结构形态选择

要承办体育竞赛,首先应结合体育竞赛的规模、性质等来选择相应竞赛组织结构形态,通常,体育竞赛组织结构有以下两种。

（1）单一型组织结构：最高管理者直接负责赛事所有工作，有利于决策，权责明确，适合小型体育竞赛。

（2）职能型组织结构：按照职能将组织分为若干个部分，这种赛事组织结构工作效率高。不足之处在于组织间新的职能的参与，可能存在协调困难。

2. 组织体系的建立

（1）仲裁委员会

妥善处理赛场上出现的各类纠纷和申诉，并及时将仲裁结果报各有关部门和参赛队。严格按照体育比赛的法规、规则来管理比赛，建立良好的比赛秩序。

（2）竞赛部门

与各队联系，定期召开领队或其他会议，处理和解决有关问题；遇到特殊情况需更改竞赛场地、日期和时间，须及时通知各队；及时登记公布比赛成绩，遇有淘汰赛和交叉赛时应及时制表并下发各队。同时，充分考虑赛场中可能出现的假球、赌球、"黑哨"和乱扔杂物、干扰比赛正常进行、围攻裁判员等突发事件。

（3）裁判部门

每天开好准备会和小结会，及时总结；安排好第二天的工作。

（4）场地部门

对场地、设备、器材例行检查，并及时维护和修理。

（5）赛事服务部门

①对比赛场地器材设备的检查、保养和维修。

②对食堂进行食品卫生检查，预防肠道传染疾病的发生。

③对住地和赛场休息室进行相应的封闭治保，保证参赛人员的休息和安全。

④组织好每次比赛后的新闻发布会，安排好每场比赛中间歇时间内的表演。

⑤为参赛人员提供某些特殊的服务项目。

（6）后勤部门

①赛场观众的管理：做好文明观赛的宣传工作，引导观众讲礼貌、守纪律。同时，做观众中可能出现的过激行为的应急准备，并组织好安全保卫和观众疏导工作。

②做好赛事资源调度。

③安排好工作人员的衣食住行等基本服务。

（7）总务部门

及时改进生活、交通管理；加强医务监督，及时处理伤病事故；做好安保工作。

（二）体育赛事运作

体育赛事运作就是体育赛事活动的经营与管理工作。

1.赛事宣传

在体育赛事举办前，为创造良好的门票收入，获得更多更好的赞助商的赞助、赢得政府的支持，为赛事的开展创造良好的知名度、美誉度，就必须加强赛事宣传。

一方面，体育赛事的组织者在对赛事进行宣传时应注重加强与政府部门合作，以获得更多的支持。

另一方面，体育赛事组织者应加强与现代大众媒体的合作，充分利用各种媒体的传播特点与优势进行赛事活动与赛事文化宣传。

此外，当前信息时代，体育赛事组织者还可以建立自己的官方网站来介绍和宣传赛事。

2.赛事效益分析与实现

（1）考虑综合效益

体育竞赛的综合效益指体育竞赛对从城市整体到其自身个体等层面的社会效益、经济效益、生态效益的总和。体育竞赛良好综合效益的实现应做好以下工作。

第一,考虑体育赛事的经济效益。体育竞赛的举办需要花费大量的人力、物力、财力资源,一些大的体育赛事,如奥运会、世界杯等,没有足够的财力支持,是不可能举办成功的,而如此多的财力投入,必然要考虑到赛事举办所能带来的经济收入,体育赛事举办不是搞慈善,必须考虑经济效益。

第二,考虑体育赛事的社会效益。体育与社会发展具有非常密切的关系。体育赛事的科学运作能促进社会文化的建设,丰富大众业余精神生活,因此,赛事举办应充分考虑社会效益,有时要将社会效益放在经济效益之上。

第三,考虑体育赛事的环境效益。体育赛事举办,尤其是大型体育赛事举办会对环境产生重要的影响,对此应充分考虑在赛事举办过程中如何减少和降低这些不良影响。

(2)减少和防止负效益的产生

体育竞赛的举办是一个非常复杂的过程,组织管理过程中很有可能由于计划和规程不完善、执行工作出现失误、受外界干扰等,使赛事产生各种不良影响。而这些不良的影响会直接影响到体育赛事在公众中的口碑和政府的印象,会影响到以后赛事的举办,对此必须重视。

体育竞赛负效益(不良影响)表现如下。

①导致竞赛不能按计划进行。

②严重运动伤病事故。

③组织混乱或场地器材问题导致的运动员技能发挥失常。

④裁判严重失误。

⑤重大人身伤害事故、不良道德作风事故。

⑥重大社会安全事故。

竞赛负效益预防:在体育竞赛举办前,对体育赛事举办过程中可能遇到的各种不良问题进行综合分析与全面考虑,咨询专家的意见,并请专家或专家组讨论应对预案,同时结合应急预案及时安排人员到岗,密切关注竞赛进程。

竞赛负效益处理:根据制定好的预案及时采取处理措施,做好公关管理,优先考虑长远利益。

3. 赛事过程控制

体育赛事的举办具有开放性,受到主观和客观多种因素的影响,为保证体育赛事的顺利进行,还要加强比赛过程的控制,处理好比赛中发生的各种问题。

一般来说,各类大小体育赛事的赛事控制应重点解决以下问题。

(1)计划控制

①确定赛事目标以及各阶段分目标。

②预测影响竞赛目标的各种影响因素。

③结合竞赛各项目标制定合理计划。

(2)目标控制

对竞赛的各目标进行有重点、有层次的划分,确保各项目标的一一实现。

(3)预算控制

做好竞赛举办过程中的赛事管理,一方面要为实现目标提供足够的财力支持,另外一方面,要对赛事的经费支出进行合理控制,避免资金浪费。

(4)定额控制

在体育赛事举办过程中,为了实现体育赛事资源利用的最大化,应对各种体育赛事资源,人、财、物等资源的合理利用进行综合考虑和定额控制,严格管理各项资源的开发、利用、资源调度和利用工作落实到具体的个人,并提前制定相应的资源运用工作标准,对资源定额控制实施科学管理。

4. 赛事风险控制

(1)做好风险防范

做好防范是体育场地设施管理者进行风险管理的首要任务和重要基础。风险防范不可能做到面面俱到,可以重点防范那些会导致重大损失的风险和经常发生的风险。如可能使用含有安全隐患设备举办大型活动。

（2）提高安全意识

体育赛事中的安全事故预防，应做好防范，提高安全意识，一方面，提高工作人员的安全意识。体育赛事应将预防为主的安全管理原则作为安全管理工作的指导，定期对体育赛事的全体工作人员进行安全管理培训，提高团队安全防范意识。另一方面，提高运动参与者的安全意识。加强安全知识的讲解和安全事项的说明，提高人们的自我安全意识。

（3）完善安全管理

建立完善的安全管理体系，明确以下内容。

①对设备的正确使用提供具体的指导。

②密切关注运动者的安全状态，经常提醒安全事项，及时纠正不安全行为。

③重视员工的安全保护，在平时应对员工的安全操作技术进行集中培训，要求持证上岗。

④完善安全设施，配备应急救护设施设备。

⑤设置合理的安全通道，并保持其随时都畅通无阻。

⑥与公安部门和消防部门保持紧密的联系，积极接受其部门的监督、检查和指导。

（4）加强人员疏导

现代体育赛事，特别是在举行大型活动时，人流数量相对较大，危急事件发生后容易造成人员慌乱，引起拥挤、引发踩踏。为了避免相互干扰，保持各自流线的人流畅通，针对不同人员、通道进行合理分配，做好人员疏散工作。

（5）明确风险对策

根据可以防范的风险、意外发生的风险制定相应的风险对策，以便于使休闲体育场地设施的使用控制在安全范围之内。对体育竞赛可能出现的各种问题都要制定一个或多个应急预案，通过风险的转移、承担、减少来消化风险。

(三)体育赛事评估

体育赛事评估是对体育赛事运作与管理过程的总结与评价,是体育赛事管理内容的一部分,是提高体育赛事管理效率的重要和有效措施。通过赛事评估可了解赛事的组织、运作是否成功,能为下届赛事的成功举办提供经验和数据参考。

需要特别提出的是,体育赛事评估并非只在体育赛事结束后进行。在体育赛事举办过程中,有时也需要及时对赛事工作进行评估。

1. 体育赛事评估类型

现代体育赛事多种多样,对体育赛事的评估,不同的个体或组织所关注的评估内容和方向不同,因此赛事评估有多个种类,具体参考表4-6。

表4-6 体育赛事评估与对比分析

	评估重点	评估工作要点
赛中评估	检查赛事工作进度是否与计划相符 关注赛事内外部环境是否变化 是否需要调整运作目标与计划进度	针对赛事细节所作的评估;目的在于保障赛事的顺利开展
赛后评估	总结经验和教训 评估工作人员绩效	评估更细致、深入和全面

2. 体育赛事评估作用

(1)衡量赛事收益

对体育赛事的评估,最主要的目的和作用就是使各需求者(如政府、赞助商、赛事组织)能充分了解体育赛事的收益,要求分别对体育赛事的经济、社会、环境等效益作出综合评估,以便于各需求者了解具体情况。

（2）反馈赛事信息

体育赛事评估需要对体育赛事的过程进行完整的各种赛事信息梳理，在赛事信息梳理过程中，通过对各种信息的总结归纳，可以给体育赛事评估的需求者以必要、真实的信息参考，这对于体育赛事评估需求者日后赛事相关决策有重要参考价值。

（3）完善赛事管理

对于体育赛事组织者来说，对体育赛事进行评估，有助于为体育赛事组织者提供必要的参考信息，这些信息能为组织者在日后举办体育赛事过程中有效避免阻碍体育赛事开展的不良因素的出现，使体育赛事能更加顺利地开展。

（4）提高赛事声誉

体育赛事评估往往有比较权威的机构来执行评估工作，而关于体育赛事评估的综合性评估报告的出台，能为体育界和整个社会对体育赛事作出一个评价，较高的评估结论能有效增加体育赛事的知名度、美誉度，有助于赛事品牌的建立与优化。

总之，体育赛事评估具有十分重要的作用，是赛事举办和组织过程中非常重要的一项工作。

3. 体育赛事评估对象

（1）体育赛事本身

对体育赛事运作本身的评价应该从两个方面进行着手，即对体育赛事的战略评估、对体育赛事的策略评估（表 4-7）。

表 4-7　对体育赛事的评估分析

	衡量/评估重点	衡量/评估内容
战略评估	将赛事运作放在运作管理机构运营乃至举办地发展的整体背景中去总结和评价	赛事选择是否正确？ 赛事运作目标与运作管理机构经营战略是否有明确的联系？ 赛事运作是否得到了主办单位、主管单位、当地政府的足够支持？赛事运作取得了怎样的经济效益和社会效益？

续表

	衡量/评估重点	衡量/评估内容
策略评估	侧重于对赛事的运作与管理水平和效果的衡量	赛事运作计划与控制系统是有效的吗？ 赛事运作是否按计划、按预算进行？ 超出或者节约的原因是什么？ 赛事运作在组织机构、人力资源、财务管理、市场开发等各方面有何经验和教训？

（2）赛事工作人员

体育赛事的举办，离不开体育赛事工作人员的参与，体育赛事的成功并非一人之力就能完成的，因此，需要对体育赛事工作人员的个人工作能力、团体协作能力进行评估。

对赛事工作人员的评估内容如下。

①个人绩效

结合不同体育赛事工作人员的具体岗位，对工作人员所完成的岗位工作进行整体评价，了解工作人员是否出色地完成了岗位任务，有无影响赛事顺利开展的工作失误。

②部门绩效

体育赛事的成功举办需要各个工作人员、各个部门的协作，如此才能确保体育赛事各个环节的顺利开展，对赛事工作人员的考核与评估还应充分考虑部门绩效。部门之间的各个工作人员的合作是确保体育赛事顺利开展的重要基础。

科学的绩效评估，有利于调动赛事工作人员和组织机构工作的积极性，以更好地发现赛事的运作与管理机构在总结赛事人力资源配备与管理上的经验与不足。

4. 体育赛事评估内容

（1）赛事竞技水平：体育赛事的竞技水平直接反映体育竞赛的水平，对体育竞赛的竞技水平评估主要反映在对运动员的运动成绩评估上，包括对运动员的竞技成绩的纵向比较和横向比较进行分析。其中,纵向比较是与历史上同类赛事的竞技水平进行比较,分析是否有大的提高或降低;横向比较是与当前国内外同类优秀运动员的竞技水平进行比较,分析是否有提高或降低。

(2)赛事经济效益:通过经济核算的方法(总赛事收益减去总赛事成本)对体育赛事的运作与管理机构所获得的具体经济收益,如现金、物品折算等,进行评估,来判断体育赛事的经济影响(直接或间接经济效益)。现阶段,我国多采用定性分析法对赛事经济效益进行评估,缺乏系统的定量指标。

(3)赛事政治效益:在我国,对体育赛事政治效益的评估非常重要,这与我国竞技体育的国家体制有密切关系,以北京奥运会的举办为例,在北京奥运会上,我国取得了比以往各届奥运会更好的成绩,这场家门口的奥运盛会不仅向世界人民展示了我国竞技体育事业的发展,也彰显出我国能承办出色的体育运动盛会的综合国力,奥运会是综合赛事,是一个国家政治、经济、文化的综合实力展现,北京奥运会的顺利开展和举办,其背后必然是强大的国力支持,这对于提高我国在国际社会中的政治、文化、体育、科技等各方面的影响具有重要作用。

(4)总体社会效益:充分考虑赛事各赛事主体的利益,如赛事主办方更关注体育赛事自身的发展;赞助商更关注体育赛事的经济收益;政府更关注赛事的政治影响。对赛事进行综合评估有助于为赛事各方提供参考。

现阶段,我国在承办和举办国际大型体育赛事方面积累了不少经验,随着我国社会经济的不断发展和综合国力的不断提高,越来越多的国际赛事开始入驻中国,我国将有更多的机会举办不同类型、规模的赛事,积累更多的赛事经验,这对我国体育赛事业的发展是十分有利的,也表现了我国体育赛事业的良好发展前景。

第五章 体育产业结构优化与科学经营管理

　　产业的发展离不开良好的产业结构优化,产业结构的不断调整与优化是促进我国产业发展的重要推动力。我国体育产业的发展也离不开体育产业结构的不断调整、升级、优化,在新的历史发展时期,我国社会经济发展迅速,体育产业的环境发生了重大的变革,而长期以来的体育产业结构不合理部分已经成为制约我国体育产业进一步发展的一个重要桎梏。因此,现阶段,对体育产业结构的相关理论内容进行研究有助于为我国体育产业的进一步发展奠定良好结构基础。在体育产业的持续发展过程中,除了产业结构的优化,体育产业市场主体还应结合体育产业的宏观与微观变化与发展不断进行经营管理策略调整,实施科学化经营管理,以便于能始终把握与抓住体育产业环境、趋势、结构变化机遇,不断促进自身的发展,也进而推动体育产业的整体发展。本章就体育产业结构与体育产业经营管理两方面进行重点分析,以为促进新时期我国体育产业的科学、有序、可持续发展提供指导。

第一节　体育产业结构优化

一、体育产业结构的概念

(一)产业结构

　　产业结构,亦称国民经济的部门结构。产业结构是指生产要素各产业部门之间或某一产业部门内部的分配比例及其相互关系。

1. 产业结构的含义

产业结构包括两方面的含义,具体分析如下。

(1)产业结构是指国民经济各产业部门之间的关系,即为三大产业间的关系。

(2)产业结构是指某个国民经济产业部门的内部生产单位间的比例关系。

2. 产业布局

产业布局就是产业在一定区域范围内的空间分布和组合,受以下因素影响。

(1)地理环境因素

经济的发展离不开地理环境,任何一个地区的自然地理环境都会对当地的经济发展产生或多或少的影响,地理环境是一个空间概念,包括自然、政治、经济区域空间。

就体育产业经济发展来说,不同的地理环境所能给体育发展提供的自然资源不同,在不同地域自然环境基础上所产生的政治、经济、文化类型不同、发展程度不同,这些都会对体育经济发展产生重要影响。如不同地区的体育项目开展程度不同、居民体育消费投入不同,体育旅游、体育赛事、体育健身休闲等各方面的发展都会表现出区域性差异。

(2)自然因素

自然因素包括两方面,自然条件、自然资源。如冰雪运动发展(冰雪运动健身、冰雪运动赛事、冰雪运动旅游等)都会受到当地的自然条件和自然资源制约。

(3)人口因素

影响体育产业发展的人口因素包括人口的性别、年龄结构和文化程度等方面。劳动力是生产力的重要影响因素,也是产业布局的重要条件。另外,人口(具体是指体育消费者)也决定着市场需求。

(4)社会经济因素

社会经济因素包括两个方面,其一是社会历史因素,其二是经济因素。

社会历史因素即为一个国家和地区形成的经济体制、相应的政策法规、政治条件等方面。在不同的历史发展时期,政府对体育发展的态度和各种政策、法制等,都会影响体育的发展,尤其是在体育产业发展方面的财政、税收等经济政策对体育产业发展的影响非常大。

经济因素则包括地区的经济发展状况、市场竞争和供需关系等。体育,是一种特殊的文化形态,主要用于满足人们的发展性需求,是人在满足了基本的生产生存需求之后产生的新的需求,是社会发展到一定阶段才会产生的,并且在社会发展的过程中,对社会的发展具有重要的影响。

(5)科学技术因素

科技是推动社会进步的重要因素,是社会发展的重要表现,在社会诸多领域中,科学技术的进步都会起到重要的推动作用,能使得生产工作效率大大提高,能促进各种资源的有效利用,可以促进社会各项事业的高效发展。

3. 产业结构矛盾

现阶段,我国产业结构的矛盾主要表现在以下三个方面。

(1)第一产业耕地、水等资源相对短缺,劳动力过剩。

(2)第二产业供给能力大、需求相对不足,农民多,收入低。

(3)第三产业比重过低,交通等基础设施不发达,城市化的程度与经济发展程度不相适应。

(二)体育产业结构

在经济学研究中,体育产业结构是一个重要的研究课题,通过产业结构分析,解析不同产业关系、在体育产业整体中的地位与比例分析,了解产业资产的配置情况,了解整个产业结构的具体构成。对体育产业结构的全面了解,有助于对产业各要素和各层面有一个清楚的认识,有助于各种产业要素之间的关系的合理调整与布局,从而实现产业最优。

体育产业结构中,不同体育产业之间、不同体育部门之间都存在横向和纵向的数量比例关系,这一比例关系在不断变化,但整体趋于稳定,各产业、部门之间相互影响、相互制约、彼此联系,共同构成了一个完整的体育产业体系。

体育产业是一个新兴的产业,在这个产业体系中,各个产业部门之间具有非常密切的关系,无论是体育产业的主导产业,还是体育产业的次生产业、拓展业,彼此之间依靠紧密的生产、营销、服务等关系,共生共存。

在市场经济条件下,体育产业体系中的各部门彼此相互作用,在市场经济体系中为经济生产作出了突出的贡献,在许多国家中,尤其是体育发达国家,成为国民经济重要的支柱,在丰富人们的日常生活和经济生活中发挥了重要作用,体育产业体系中各要素与环节的互动,确保了体育产业的良好发展活力。

二、体育产业结构的形态

(一)投资结构

体育产业研究中,投资结构是其关键的研究方面,对投资结构进行调整是体育产业结构优化的重要入手点。

产业发展离不开经济投入,在体育产业的发展过程中,对投资结构的研究非常重要,体育产业投资结构是体育产业总投资在一定时间内在各行业的分布。体育产业的投资结构包括两个层面,即为存量投资结构和增量投资结构。存量投资结构是增量投资结构的凝固状态。

体育产业投资结构中,投资结构类型主要有两种,体育产业结构调整时,调整两种投资结构是实现产业调整的重要手段。对这两种类型的投资分析如下。

(1)存量投资结构调整:要实现体育产业效率的最大化和收益的最大化,就必须重视存量结构调整,以实现体育产业内部资源利用效率低的行业保持低存量,一方面避免资源浪费,一方面可降低成本,有助于更好地实现经济效益。

(2)增量投资结构调整:通过对体育产业结构进行分析,对体育产业增量投资结构不断调整,并逐渐达到最优化,如此来确保未来一段时间内的体育产业的生产、营销、管理的布局的更加合理,并进一步实现体育资源的合理流通与优化配置与体育产业结构的更加合理的布局。

(二)产值结构

体育产业的产值结构包括内部产值结构和外部产值结构。具体分析如下。

1. 体育产业产值的外部结构

体育产业的外部结构,指体育产业总值在国民生产总值中所占的比例,通过这一产值的了解,可以清楚地认识到体育产业对国民经济的贡献量,能表现出整个社会大众对体育事业、体育产业的需求,这一需求影响国民经济,对体育经济发展的影响也不例外。

当前新时期,我国体育产业发展态势良好,具体来说,随着国民经济的发展,大众体育健身消费观念发生了重大的变化,人们在体育健身休闲娱乐方面的需求逐渐增加,这些都为体育产业的市场良好发展奠定了发展空间,随着我国经济的不断发展,人民生活水平的提高,体育产业的市场需求将持续不断扩大。

2. 体育产业产值的内部结构

所谓体育产业总产值的内部结构,具体是指体育产业的内部各分支行业产值的分配比例。体育产业内部各要素是相互联系的,其构成一个系统整体。体育产业发展过程中,主导产业在产业发展方面发挥着重要的作用,通过体育主导产业的不断发展,其他体育产业结构也在不断发展,并且在体育产业结构体系中的地位不断调整,整个体育产业的发展逐渐完善。

鉴于体育发展与社会诸要素之间的密切联系,体育产业的产值结构调整中,应充分考虑到体育相关产业、外围产业的发展之间的关系,考虑到这些产业对体育本体产业发展的促进作用,在体育产业产值结构优化中,协调好各产业间的产值利益关系。

(三)需求结构

所谓需求结构,就是体育市场中不同类型需求数量的构成状况。不同标准,分类不同。

在一定程度上,体育需求结构影响体育产业结构,体育产业需求结构具体分析如下。

1. 根据市场范围分

(1)国内需求:针对国内体育产业发展的市场需求。现阶段,稳定和不断扩大体育国内市场是基础。

(2)国外需求:体育国际市场。现阶段,发展体育国际市场是趋势。在体育产业发展过程中,要想实现更好的发展,应积极探索国外市场,走国际化发展之路,在全球化发展背景下,积极拓展海外市场。

2. 根据产品生产和消费过程分

(1)中间需求:体育产品中间需求,是体育产业市场中的一个重要需求要素,其处于体育产业市场经济关系的中间环节,其主体是生产者而非消费者。

(2)最终需求:体育产品最终需求在体育市场经济关系中是最终的消耗产品,满足体育消费者的最终的直接性的体育消费,因此其也被称为是"生活消费需求"。

3. 根据需求主体分

(1)政府需求:在我国中国特色社会主义市场发展中,体育具有盈利性和公益性双重属性,体育的公益性表现在其促进全体人民群众的身体健康,在这方面,政府对体育资源的调配发挥着重要的作用,通过公共体育设施建设,体育资源的合理调整,促进社会事业的不断发展。如政府作为主体,筹办奥运会提升体育政治影响、发展全民健身提高国民体质。

(2)私人需求:私人需求是构成体育需求的主要组成部分。随着经济社会的发展,体育运动参与和体育消费逐渐成为了人们的一种重要需求。

(四)就业结构

就业结构,是某一产业中的就业者的具体分布,对于体育产业来说,体育产业的发展能提供许多就业机会,可以促进就业,缓解社会就业压力。

体育产业就业结构包括以下两部分。

(1)体育产业的外部就业结构,具体是指体育产业发展中所创造的所有就业人数在总就业量中的比例。

(2)体育产业内部就业结构。在体育产业内部各产业中的就业人数在整个体育产业就业量中的比例。

无论是体育产业发展,还是整个国民经济的发展,劳动力因素都是一个非常重要的影响因素,充足的劳动力是体育产业发展的重要基础,随着体育产业的不断发展,体育产业所创造的就业中的劳动力不仅要达到一定的数量,还要求劳动力质量的提高,如此才能真正促进体育产业的科学发展。

体育产业发展过程中,劳动力的素质是其主要的影响因素。随着体育产业需求的增加,体育产业的就业需求也会相应地增长。因此,体育产业结构的发展趋势和内部调整可对体育就业产生非常大的影响。

这里必须强调的是,体育产业发展中,产业经营与管理决策者应该充分认识到,随着体育产业生产技术的提高,会使得劳动力数量出现一定程度的较少,对劳动力的素质有了更高的要求。

三、体育产业结构的形成

(一)形成机制

体育产业的形成机制可概括为两种,即市场机制和政府机制。具体分析如下。

1. 市场行为

市场发展对体育产业结构的发展、变化、演进有重要的影响,就我国经济发展历程来看,经过发展,我国现已初步建立了完善的中国特色市场经济体制,在体制约束与管理下,市场行为受到了规范化的管理。

市场经济条件下,包括体育产业发展在内的各行各业的主体在市场中自由开展竞争。就体育产业发展来看,体育产业结构优化受市场供求、价格机制两个要素影响,体育产业的产品市场、体育产业要素市场中,供求关系与竞争关系是影响市场发展的重要因素,并促使体育资源的不断优化配置。

2. 政府行为

政府在市场经济发展中发挥着重要的调节作用,对于体育产业的发展来说,政府在规范体育产业市场方面发挥着宏观调控作用,这种调控主要是通过各种政策、法律法规、规章制度来实现,并与市场经济杠杆一起发挥市场调节作用。随着我国市场经济的不断发展,政府避免干预太多、逐步放手,成为当前我国政府在市场中发挥作用的重要转变。

对于我国体育产业发展来说,体育产业结构的优化,可以通过政府的行为来实现对体育产业结构的调整,政府在体育各产业发展过程中采取不同的政策,对主导产业的发展推行各种优惠政策,对新兴产业发展采取各种鼓励政策,以主导产业带动其他相关产业,最终促进体育产业的整体发展。

市场和政府作为影响体育产业发展、体育产业结构形成的重要因素,各有优点,具体对比分析如表 5-1 所示。

表 5-1　体育产业结构形成要素特点对比

市场行为	政府行为
市场对专业化生产持肯定态度	宏观调控影响深远,以行政权力作为保障
以市价信息为基础发挥作用,鼓励产出	可针对全体社会成员发挥政府指导作用
市价没有组织耗散的浪费的竞争准则,这是市场机制不可避免的弊端	政府拥有的强制力是其他经济组织所不具备的,有效的市场配置离开政府的干预就不可能实现

就我国体育发展现状和我国经济发展现状来看,市场和政府在体育产业发展影响方面的作用都非常重要,任何一个都不可或缺。

(二)影响因素

1. 经济发展

经济与体育二者之间关系密切,经济发展影响体育发展,同样也会影响体育产业结构的变化发展。

就体育产业发展过程来看,其是伴随着经济社会的不断发展而产生和发展的,体育产业结构的演进过程中,其是建立在一定的经济基础之上的,经济发展因素对体育产业结构具有重要的影响。产业结构的发展与经济增长具有密切的联系,产业结构的优化能够促进经济的发展,经济的发展则进一步导致产业结构的优化。具体表现如下。

（1）随着经济的发展，生活水平不断提高，消费观念不断变化，消费者的体育健身需求和精神文化需求会不断增长。

（2）体育作为人们的一项重要的社会需求，其是在社会经济进步的基础上发展而来的。

（3）体育是社会经济发展到一定程度后产生的，主要用于满足人们体育发展的需求。

（4）经济发展为体育建设提供资金保障。

（5）科技的不断发展，在体育领域的应用也进一步促进了体育产业的发展。

2. 社会需求

需求是推动生产的最为直接的动力，社会需求是市场形成和存在的重要基础，对于体育产业的市场的形成和发展来说，也是重要基础，良好的体育市场需求可促进体育产业的不断兴盛、发展。

需求结构变化是产业结构变化和发展的重要推动力。在体育产业中，大众体育社会需求的变化对体育产业结构的变化影响如下。

（1）体育产业结构调整的动力支持

供求关系在体育产业调整中发挥着重要作用，有需求，才会有市场，才会有生产，生产是为了满足需求，随着体育产业的不断发展，体育产业内部各部门之间会因为市场需求的变化而使体育产业结构体系中的比例不断发生变化，因此说，市场需求是体育产业结构调整的重要影响因素。

社会主义市场经济条件下和当前全民健身背景下，人民群众的体育消费逐渐增多，直接促使体育市场需求的扩大，进而为体育产业发展提供了更多的市场发展空间。体育市场中，需求多的产品的产业发展更快。

（2）体育产业结构优化的目标方向

需求是消费行为的内驱动因素，在社会生活中，人们的各种生产活动都可看作是人的一种社会行为，其都是受到人们的需求驱动而进行的。

从经济学角度来讲,人们的各项经济活动都是为了满足人们的某方面的需求,当人们的需求发生变化时,产业结构也必须进行相应的调整,不然就会被市场所淘汰。体育产业结构的演进受到人们的需求的驱动。

体育产业结构的变化必须遵循需求的变化规律。体育需求结构对体育产业结构影响模式表现如图 5-1 所示。

收入水平提高

↓

体育消费需求产生

↓

体育消费结构调整

↓

体育需求结构改变

↓

体育产业结构变动

图 5-1

具体来说,对于体育产业的发展来说,体育生产目的是满足体育消费市场的消费需求,在当前我国体育事业不断发展的现阶段,我国广大人民群众的体育健身、休闲、娱乐等各种体育消费需求不断提高,相应的健身、休闲、娱乐的消费市场就会不断兴起与逐渐扩大,进而会引起整个体育产业的消费结构的变化,为了满足相应的体育消费市场的消费需求,体育产业中的相应的体育资源就会向相应的生产部门流动,进而促进体育产业结构的变化。如果随着我国体育事业的持续发展,人民群众的体育消费需求发生了变化,则体育产业结构也会相应发生变化。

(3)需求总量对体育产业结构的制约

体育市场经济中,体育市场需求对体育产业有重要影响,不仅表现在市场需求变化对体育产业结构的调整上,还表现在市场需求总量对体育产业结构的制约方面。简单来理解就是,一个国家和地区的体育市场需求总量,决定了这个国家和地区的体育产业发展规模,进而决定了体育产业结构发展到什么样的程度。经济发展落后的国家和地区的体育消费需求量要比经济发达国家和地区的体育消费需求量小,因此,发展落后的国家和地区的体育产业发展规模就相对较小,其体育产业结构必然会表现出一定的特点(问题),这个特点是经济发达国家的体育产业结构曾经出现过的特点(问题),表明了体育产业结构的不合理性的存在。

一个地区的体育需求总量与当地的经济发展具有密切的联系,需求总量会随着经济的发展逐渐扩大,体育市场中就会出现更多的市场体育产品和体育服务,以满足不断扩大的体育市场需求,进而会实现体育需求对体育产业结构的进一步调整,可促进体育产业结构的不断趋于合理化。

3. 体育资源配置

体育资源是体育产业发展的重要基础。在产品生产过程中,生产资料对其具有重要的影响。任何生产部门的发展都离不开一定的资源,不同体育资源对体育产业结构的影响具体分析如下。

(1)体育产业发展的物质资源

产出总量大小取决于资本存量,产出增长快慢取决于投资率的高低,投资越多,产出增长就越快。物资资本积累到一定程度,才会促进体育基础设施和专项设施建设,体育产业的发展才会获得一定的物质基础。

各项体育活动的开展大都需要借助于一定的体育场地和设施,体育场馆是体育活动开展的基础,也是体育产业发展的重要物质基础。体育场地设施是体育产业发展的重要依托。没有充足的场地设施,人们的体育需求的满足就会受到严重的影响。因此,体育产业的发展也在很大程度上受到体育场馆设施建设的影响。

现阶段,场地设施资源不足是制约我国体育产业发展的重要原因。

(2)体育产业发展的人力资源

人力资源对产业结构具有重要的影响,具体分析如下。

首先,劳动力质量(素质高低)可影响体育产业发展水平,在体育产业发展过程中,劳动力水平高低与体育产业的发展速度成正比,这一点不难理解。以体育旅游产业的发展来说,体育旅游产业的发展程度、速度与体育旅游产业从业者的素质水平、数量多少密切相关,如果有更多高质量优秀的导游、旅游经营策划者、体育旅游体验项目的技术人员投身体育旅游行业,那么必然会促进体育旅游产业的快速发展。

其次,劳动力数量可影响体育产业发展水平。足够的劳动力数量能为体育产业的发展奠定充足的体育人力基础,使得体育产业的发展能有足够的人力资源支持。在体育产业发展过程中,充足的劳动力资源对市场主体来说,有助于降低生产投入和经营成本,因此体育产品加工制造产业发展具有良好的人力资源优势。

(3)体育产业发展的财力资源

对于国家来说,在发展体育产业过程中,政府所提供的体育产业方面发展的资金规模受到国民经济发展的影响,良好的经济发展能使国家有更多财力用于体育产业发展。

对于个人来说,人均收入水平的提高,能使得个人有更多的资金用于体育消费投入,个人才有了进行体育消费的资金基础,能够在生活生产之余享受体育消费。

4. 体育制度环境

制度,是一种保障,对市场经济发展、产业发展、国家政治文化发展来说,都是一种行政性的制约,可以促进经济环境、产业环境、社会环境、文化环境等的规范化、科学化、合理化,可促进社会经济、文化等各方面的有序发展。

当前我国社会主义市场经济体制不断完善,在此制度制约下的体育产业发展有如下特点。

首先,国家对体育市场经济制度的各项政策法律法规的颁布,确定了体育产业中各种生产力、生产关系的不断完善,通过对体育产业中各种生产关系的调整,可促进体育产业经济结构的不断完善,进而促进我国体育产业外部结构与内部结构的优化升级,如此,便能促进我国体育产业市场的高效运行,也就能不断促进我国体育产业的持续、健康发展。

其次,经济体制首先是为了经济发展营造一个良好的制度环境,它是一个区域内的各种经济政策制度的总和,对本地区的经济发展起到政治方向的导引作用。宏观来说,不同的国家的经济体制和机制不同,这对市场经济发展特征、规模、程度具有重要的影响。大的经济环境总是影响具体产业的发展。通过进行制度改革,可充分调动组织和个人积极性,促进经济发展。

概况来说,产业结构与制度变迁二者相互影响,产业发展需要一定特色的制度的支持。社会主义市场经济下的体育产业制度和资本主义国家市场经济下的体育产业制度必然有很多不同,体育产业发展也会表现出不同的特点。

5. 科技创新

科学技术是第一生产力,其是生产力系统的核心因素,是推动体育产业结构革新的根本动力。产业结构的发展优化最终受到生产力发展水平的制约,科学技术的进步不断催生了新的产品和行业,促进了产业的兴起和升级。

科技创新对体育产业结构影响具体表现如下。

首先,科技创新影响需求结构,导致体育产业结构变化。科技创新对产业结构的影响主要是以需求为媒介的。技术发展,可促进生产力的发展,可实现生产成本的降低,这对产业发展具有重要的促进作用。体育产业中,科学技术在体育领域的应用,促进了体育传媒、体育传播、体育训练的更加高效,也催生了新的体育产业部门,优化了体育产业结构。

其次,科技创新对体育产业的供给结构有重要影响,随着一些新的科学技术的不断创新,必然将产生一些新兴的产业,新的生产资料、生产方式也会出现。

最后,科技创新影响体育产业的梯度转移。我国区域经济发展不平衡。随着技术水平的不断发展,我国东部地区的体育产业结构实现优化,体育产业发展实现劳动密集型向科技创新型产业发展,需要大量劳动力成本的低效率的体育产业就向中西部地区转移,全国范围来看,我国体育产业结构更加合理。

四、体育产业结构优化策略

(一)不断强化政府职能

(1)提高政府的体育产业发展政策指导、政策服务意识。

(2)提高政府部门在体育产业发展过程中的宏观调控职能和意识。

(3)不断增加政府对体育产业发展的支持力度,尤其是对体育主导产业和新兴产业的发展支持。

(二)重视主导产业发展

1. 主导产业的发展引导意义

(1)拉动其他相关体育产业的发展,如体育用品制造业、销售业等,进而使体育主导产业的回顾效应得到充分的发挥。

(2)推动体育场馆经营、体育组织、体育传媒、体育彩票、体育中介的发展,进而促进体育主导产业前瞻效应的充分发挥。

(3)促进周边餐饮、会展、旅游、通信、房产等行业的发展,进而促进体育主导产业旁侧效应的充分发挥。

2. 审慎选择主导产业

在体育产业发展中,国家在制定体育产业政策时,应充分发挥政府的选择引导作用,并通过市场运作、科学规划来对体育主导产业进行谨慎选择。

一般来说,体育产业发展过程中,体育产品制造往往是体育产业中最先发展起来的体育产业,随着体育产业的不断发展,体育竞赛表演、体育健身娱乐、体育培训等会不断兴起,政府在体育各产业的发展中,会优先支持那些具有自主发展活力的体育产业,同时会对那些与其他相关产业具有密切联系能促进其他相关产业发展的主导产业的发展,由此来进一步带动体育相关产业发展,从而优化体育结构体系,实现体育产业发展过程中内部体育资源的优化配置和体育产业结构的不断完善,最终实现体育产业的整体发展。

体育产业的几个主导产业之间的相互促进发展关系具体如图 5-2 所示。

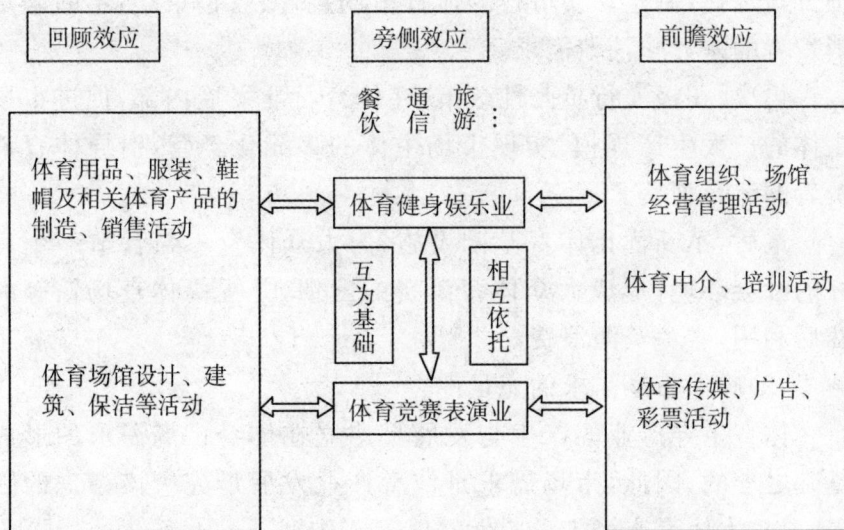

图 5-2

3. 大力促进体育主导产业发展

在选择确定好体育产业发展的主导产业之后,就要积极实施各种政策措施,促进体育主导产业的发展,具体应做好以下工作。

(1)增加社会先行资本和投资率

投资在体育产业结构优化中发挥着一定的导向功能。现阶段,在我国社会主义市场经济条件下,要实现体育主导产业的不断发展和对其他相关体育产业的支持,就必须要为体育产业发展创造良好的社会经济环境,也就是为体育产业结构升级提供社会支持,其中,社会先行资本是非常重要的一个环节,促进体育产业生产性投资的增多、投资率的提高,来实现国民收入中,消费者对体育产业消费投入的不断增加与支持。

首先,政府加大力度建设体育产品与体育服务,依托体育公共产品和服务,不断完善体育消费体验,以此来进一步刺激广大人民群众的体育消费。

其次,注重体育消费市场的细分,通过体育产业消费市场的细分与选择,制定切实可行的体育市场宣传、营销策略,不断满足消费者的差异化消费需求。

再次,积极实行扩张性政策,在体育行业发展内部,促进市场主体的扩大生产规模,实现市场主体的多元化经营,引导体育消费者的体育消费。

最后,不断优化体育基础设施,为大众体育参与营造一个良好的社会环境,形成大众体育消费的习惯,并提高体育场馆等的赛后利用,避免资源浪费。

(2)确保市场需求的充足性

体育主导产业的产生与发展是建立在体育市场需求的形成基础之上的,因此,市场需求是体育产业发展最先应该考虑的因素,要扩大体育市场需求应做好以下工作。

首先,积极开发各类体育市场。以体育健身娱乐市场开发为例,具体措施见表5-2。

表 5-2　需要开发的体育市场①

体育市场	目标对象	开发项目及产品
青春美容健身娱乐市场	男女青年	以健美、减肥、形体训练为主的参与型体育健身娱乐产品
银发健身市场	中老年	康复咨询、气功养身、运动处方等康复型、保健型的体育健身娱乐产品
多功能高档体育健身娱乐市场	高收入阶层	为健身、休闲、娱乐、公关及商务活动等提供服务,开发高尔夫、网球、保龄球俱乐部等项目及产品
娱乐性体育健身娱乐市场	现代都市居民	满足回归大自然、欢度闲暇需求,开发休闲性、趣味性强的项目
竞赛表演市场	竞技体育爱好者	发展球迷经济、赛事经济,扩大需求,如足球竞赛、篮球竞赛等
体育培训市场	青少年	游泳、羽毛球、跆拳道、轮滑等

其次,细分市场,确定消费群体范围,生产适销对路的体育产品与体育服务。

最后,引导转变居民消费观念。体育消费的扩大,应重视对居民的体育消费观念与意识进行引导,使居民建立"花钱买健康"的思想,使大众树立"健身就是素质、品位、发展机会、生活质量"等新观念,加强对居民体育消费动机的激发,通过促进最终消费需求的增长来拉动体育消费需求、促进相关体育产业发展。

(3)改革配套制度

从政府角度来说,要充分发挥政府职能,建立体育产业结构调整与体育产业发展的良好社会政策制度环境,具体做好以下工作。

首先,政府要转变管理体育产业的方式,对宏观调控手段加以改进,体育行政部门避免直接干预体育产业开发和体育市场经营活动,而且政府不可限制和垄断体育市场资源。

---

① 刘远祥. 体育产业结构优化研究[M]. 济南:山东大学出版社,2015.

其次,政府要放眼长远,对体育产业的长期发展进行一个整体的规划,从体育产业的整体出发,充分考虑好当前体育产业发展的成本控制、资源流动、市场机制建设等,以此来明确体育主导产业,确定体育主导产业的发展方向,对体育产业的主导产业发展提供各种便利与支持,发挥主导产业的产业拉动与延伸效益。

再次,产业的发展、市场的发展都离不开政府的支持,要实现我国体育产业的规范化、有序发展,就必须为促进我国体育产业的发展提供各种政策支持,例如,为我国体育产业主导产业的发展指明方向、为我国体育产业体系中各体育产业的发展提供政策支持、为体育产业发展提供更多人才培训培养等。

最后,在我国社会主义市场经济条件下,一方面要对国内体育产业的发展提供各种支持,另一方面,也要为我国体育产业跟上国际体育产业发展速度提供支持,以扩大我国体育产业发展规模,提供我国体育产业发展的国际竞争力。

(4)制定创新策略

制定创新策略主要从以下几方面来着手进行。

首先,重视新的科技运用,通过自主创新能力的提高来调整产业结构。在优化体育产业结构的过程中,技术进步是主要推动力和有力的技术保障,利用新科技,可以使产业结构性矛盾问题得到有效的解决。现阶段,我国在创造新科技时,需要促进投入总量的增加,对研发支出结构进行合理调整,鼓励大型体育企业科研投入,提高我国体育企业自主科技创新能力。

其次,拉长价值链,开展创新性服务,具体从产品设计、品牌销售、供应链管理、售后服务等方面着手,以促进产品附加价值的提高和盈利的增加。

再次,大力建设体育用品标准体系,对体育产品质量监管和认证工作进行积极推行,促进我国体育产品在国际市场中竞争力的提高,对体育用品世界品牌进行全面打造。

最后,积极培养人才。重视体育产业相关人才的培养,培养与我国体育产业化发展需要相适应的高水平专业人才。

(三)统筹区域产业结构

区域发展观是一种创新性的区域经济发展理论,即在市场竞争、发展机会、享有发展成果方面实现全面的公平。其能够为我国区域体育经济发展策略的科学制定提供一定的理论指导。

在区域发展观指导下,调整与优化我国区域体育产业结构具体要求如下。

1. 充分发挥市场与政府的作用

在市场经济发展中,政府和市场是其中具有影响力的两只手,市场经济在发展的过程中需要有相应市场机制的调节,同时也需要有政府进行相应的宏观调控。在进行体育产业结构优化方面,体育市场中的各种行为主体博弈的、独立的行为是其基础。在对区域产业结构进行优化的过程中同样离不开政府和市场的共同作用,也就是说需要政府的宏观调控和市场调节进行有机结合。在进行区域体育产业快速发展时,进一步对区域体育产业结构进行推动优化升级,这就需要遵循市场价值规律,进一步加强制定和实施相关的产业政策,以更好地促进区域体育产业结构的优化升级并使其得到协调发展。

2. 发挥区域间互补与比较优势

我国地域辽阔,各地区体育经济发展各具特色与特点,地理位置不同,所拥有的地理环境和地区发展优势就不同,在体育产业相关发展方面,具体可表现为地区经济发展水平、体育资源等的不平衡和分布不合理。

地区体育产业协同发展要求如下。

首先,充分利用本地区已有的体育资源,为本地区优势体育产业的发展奠定资源基础,然后结合本地区的优势与其他地区之间的联系,实现合作发展。

其次,重点发展西部体育旅游业,挖掘西部自然体育旅游资源和人文体育旅游资源。

最后,在我国西部大开发政策的支持下,充分利用政策优势,促进中西部体育产业基地建设,对中西部的体育产业发展进行合理规划,少走弯路。

3. 建立科学区域市场经济体系

经济方面,我国各区域之间,城乡之间存在着非常明显的差距,甚至差距越来越大,造成这些差距存在的具体原因有很多,如对统一市场分割的体制障碍、制约市场要素自由流动的体制障碍等。这就要求我们要不断地对体制加大改革力度,制定出有助于区域发展的科学有效的政策,逐步打破区域之间的分割状态,彻底消除地区壁垒,不断完善大市场调节机制。在遵循效率最大的前提下,在市场信号的指导下,促使各个生产要素在不同区域内进行自由流动,从而对资源实现更为合理的配置。只有这样,才能促进各个地区的体育产业得以更为协调的发展。

(四)合理布局产业规划

合理化的体育产业结构,指体育产业所包含各个行业之间的协调能力得以加强以及相互关联水平的不断提高,在不同行业中各类体育资源也都得到了较为合理的配置,每一种体育产品的供给结构都与其相应的需求结构相适应。促使体育产业结构合理化,必须要根据当前社会经济的发展现状、条件和发展水平,积极调整那些不合理的产业结构,以使各类体育资源都能够在不同行业中得到有效利用和合理配置。

因此,要实现体育产业结构的合理化调整与发展,就必须做好以下几个方面的工作。

1. 明确产业结构调整目标

多从系统论的理论观点来加以设计,要将体育产业结构的变化过程和发展现状全面、灵敏、切实地反映出来,要将体育产业结构研究的目的予以充分体现出来,同时还要将调整体育产业结构的合理化进程予以反映出来。

2. 认真调研,避免资源浪费

积极调研,对体育产业在空间上的具体特征进行分析,制定科学合理的空间布局规划,避免盲目建设和浪费。

3. 各行业各部门统筹、融合发展

在社会发展中,体育与其他社会各要素具有非常密切的关系,体育产业发展可促进社会、经济、文化、科技等各方面的发展,同时也受社会不同因素的制约,要实现体育产业的快速发展,就必须要打破行业壁垒,促进体育产业与其他相关产业之间的联系,通过资源共享、市场共同开发,实现资源优化配置、产业结构优化调整,促进国民经济的整体发展。

(五)加快管理体制改革

当前,我国体育产业的市场发展还不够成熟,体育产业发展不能完全依靠市场来调节,更多的还是需要政府的行政引导,当前必须加快我国体育产业发展和体育市场管理体制改革,以为我国体育产业发展提供一个良好的市场环境。

(六)完善法律税收政策

我国是一个法治国家,体育事业和体育产业的科学发展离不开法律法规的引导,具体在体育产业发展中,各种市场行为都需要受到法律的制约。

政府在引导体育产业发展方面应不断完善经济政策,其中税收政策是一个最基本的政策。

第二节　体育产业科学经营管理

一、体育产业经营管理的概念

(一)经营与体育经营

经营,是连续地进行商品生产和交换的有组织的经济活动。经营活动,是某一经济领域的一种经营活动。

体育经营,泛指以体育活动为内容、以营利为目的、以商品形式进入流通领域的经营活动。现代体育经营活动形式多样,内容丰富,集多种功能于一体。

(二)体育经营管理

体育经营管理,是体育经营活动的管理活动。从以下三个层面进行分析。

宏观层面——国家对体育产业经营活动的宏观管理,管理主体为政府。

中观层面——体育产业体系中,不同阶层的体育产业管理者对下一层级的体育产业经营活动的管理,管理行为主要有领导、组织、控制、协调等①。

微观层面——企业对企业的体育生产经营活动的管理,管理主体为企业经营管理者,最高管理者是企业的法人和董事。在体育产业发展过程中,体育企业发展所面临的最直观的管理决策依据就是体育消费市场,体育消费市场中消费者群体构成、供求关系等,都会影响到企业管理者的决策。

---

① 夏正清.体育产业经营管理[M].西安:西安地图出版社,2011.

二、体育产业经营管理的要素

体育产业经营管理要素主要包括五个基本方面,体育经营管理活动主要是围绕以下五个要素开展。

(一)体育产品

体育产品,即体育经营对象,是体育产业经营管理的核心要素。体育产品包括体育劳务产品、体育实物产品、体育精神产品共三类。下文会详细解析,这里不再赘述。

(二)环境要素

环境要素,即市场要素,它是体育经营环境中的基本条件和因素。

我国社会经济发展新时期,社会主义市场经济条件不断发生变化,体育市场为体育商品生产经营者提供广阔的生存空间和天然的活动场所,是各种体育经营活动开展的重要环境基础。

市场是体育产业经营管理的重要对象和参考。

(三)人力资源

人,是经营管理实施者,是管理主体,如果体育产业体系中没有了人的存在,就没有了体育经营管理者,也就不会有各种生产、经营、管理决策,体育产业的各种活动就失去了付诸实施的最根本的动力,体育产业发展也将不复存在。

既然体育经营管理者对体育产业的发展有着如此重要的作用,那么,体育产业的管理自然就离不开对人力资源的管理,这种管理主要是指对体育产业的市场主体(企业)经营管理者的管理。此外,也包括对从业者的管理。

经营管理决策者应具备以下基本素质。

(1)对体育管理工作有正确认知。

(2)熟悉体育管理系统的基本结构和要素。

(3)熟悉体育运动的规律和特点。

(4)具备扎实的经营管理知识和较强的经营管理能力。

(5)懂得科学的经营管理的方法。

(6)了解部门员工的思想动态,掌握思想工作的一般规律。

(7)具备良好的领导能力和领导魅力。

(8)具有良好的应变能力,能妥善解决各种突发问题。

(四)财力资源

财力资源,即资金,是经营管理活动的基础,离开资金,各种体育经营活动就无法开展。

(五)物力资源

物力资源,即生产资料,是重要的物质要素。在体育产业的发展中,没有了生产资料,则生产活动就无法开展,不能提供体育产品与服务,体育经营管理活动也就不存在了,因此,必须重视物力资源管理,要做到资源的优化配置、高效利用。

三、体育产业经营管理的环境

(一)宏观环境

1.政治环境

体育产业经营管理的政治环境包括政治制度、体制、方针政策等内容。

就我国来看,现阶段,我国体育产业发展的政治环境良好。我国重视体育事业和体育产业的发展,在体育发展方面提供各种政策支持,全社会形成了良好的体育氛围,为体育产业的发展奠定了群众基础和市场基础。

2. 经济环境

体育产业经营管理的经济环境,指各种经济因素的综合,共同影响体育经营管理活动。

对我国体育产业国内外经济环境分析如下。

(1)从国内经济环境来看,我国国内体育经济环境良好,人民群众的体育消费需求日益增长、体育市场规模不断扩大,唯一不足在于缺乏创新,这是我国体育市场中各企业存在的通病,严重制约了我国体育产业的进一步发展。

(2)就国际经济环境来看,我国的体育市场中,国外体育企业不断涌入,对我国的民族体育企业产生了强烈的冲击,我国体育产业和企业面临着巨大的困难与挑战。

3. 政策环境

一个国家和地区的体育发展受国家政策的影响,这些政策包括相关政策制度方面。因此,这就要求体育产业经营单位必须对国家的有关方针、政策、法规和条例及时地了解,并且在体育产品的各种策划环节之前就要研究国家政策对该种产品的生产是否有限制规定或支持的政策。只有了解国家政策对产品的影响程度,才能使后面的设计、生产与销售等环节顺利进行,从而为体育产业经营管理创造良好的条件。

4. 法制环境

我国市场经济是法制经济,法律对市场经济的发展起着规范和导向作用,良好的法制环境对规范体育市场具有重要的作用。

市场经济要获得长足的发展,就必须建立在充分竞争的基础之上的,只有通过竞争才能实现资源的合理配置。为了创造平等的竞争环境就必须制定相关的法律法规来限定行政部门的权限,保障各投资主体应享有平等的权利,监督各主体义务的履行。

5. 文化环境

体育产业经营管理的文化环境是指民族特征、价值观、文化传统、教育水平等。

近年来,我国政府大力强调体育兴国,国民体育观念的转变促进了国内体育消费市场的不断扩大,为我国体育产业各类企业的发展提供了一个广阔的发展空间和消费市场,充分表明了良好的社会文化环境对经济发展的促进和对体育产业发展的推动。

6. 资源环境

资源环境是影响我国宏观体育产业经济发展的重要环境因素,我国体育物质资源、财力资源、人力资源,对我国体育产业的科学化经营管理,优化资源配置等具有重要的发展影响。

7. 科技环境

科技环境是体育产业发展创新的重要环境基础。科技创新是产业发展的重要和根本推动力,对于体育产业发展也是如此。

当前,正如前文所述,我国体育产业发展中科技创新能力不足是影响我国体育产业持续、快速发展的一个重要的制约性因素,也正因如此,才使得我国体育产业在世界体育产业发展总进程中,受到了国外体育产业发展的冲击,我国体育产业缺乏竞争力,生产低效,在国际竞争中缺乏竞争优势。

8. 自然环境

体育产业发展与自然环境发展有着密切的关系,例如,体育竞赛的举办会对自然环境产生一系列的影响,包括各种空气、噪音、垃圾污染,同时,也受自然环境制约,如冰雪竞赛举办;再如体育旅游,许多体育旅游项目都在大自然中开展,自然要受到自然环境的影响与制约。

(二)微观环境

体育经营与管理是在体育市场内进行的,因此,这里从体育市场角度对作为市场主体的体育企业的经营管理环境进行分析如下。

1. 体育市场构成

市场经济条件下,要实现科学经营与管理,就必须首先了解体育市场构成(图 5-3),并对体育市场构成要素及其之间的关系有一个清楚的认识,以便科学决策。

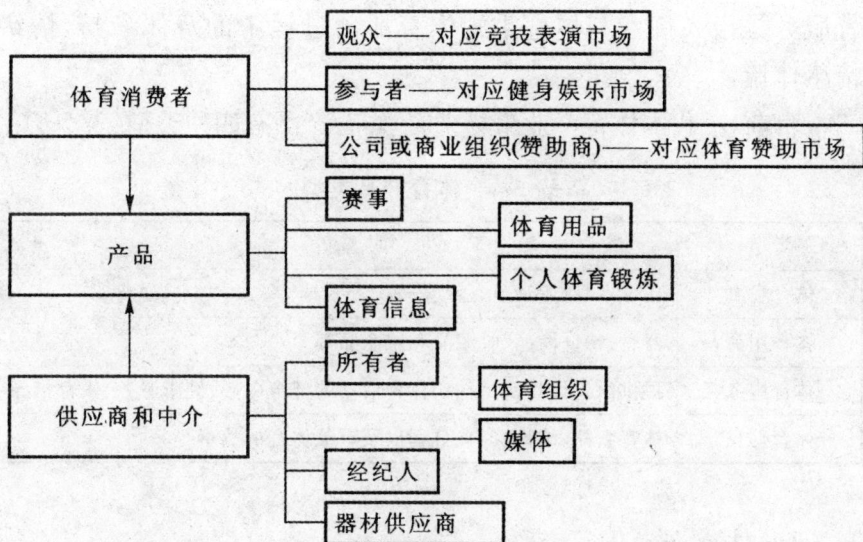

图 5-3

(1)体育消费者

体育消费者是指购买体育消费品的人,是体育交易中的"买方",是体育市场营销的对象。主要包括三种类型(表 5-3)。

表 5-3 体育消费者类型

类型	解析
实物型体育消费者	购买运动器材、运动服装的消费者
观赏型体育消费者	观看体育比赛、体育表演的消费者
参与型体育消费者	参加体育锻炼、接受体育技术培训指导的消费者;以体育赞助商的身份加入到体育产业经营管理中的企业和组织

（2）体育产品

所谓体育产品,具体是指体育消费者满足需求的载体,具体是指体育生产者提供给体育消费者用于价值交换的实物产品或服务。体育实物产品是指具体的与体育相关的各种有形物品,体育服务是指人们参与体育重视体育活动过程中的身体参与、情绪情感体验。

目前,就我国体育产业市场来看,体育产品有四种类型(表 5-4)。

表 5-4 体育产品类型

类型	解析
体育赛事	比赛本身、运动员、运动场等
体育用品	器材、特许商品、收藏品和纪念品等
体育服务	提供给人们以满足他们体育活动的健身中心、健康服务、体育指导
体育信息	体育新闻、统计资料、日程以及有关体育的故事等

（3）体育产品供给商

在体育产业市场构成中,体育产品供给商提供体育产品或服务的主体(单位或个人),是体育交易中的"卖方",是体育市场的经营主体,是营销主导者,包括以下几类。

①体育器材的生产商。

②体育场馆或健身娱乐场所。

③运动员或俱乐部的所有者。

④协会或联盟在内的各种体育组织。

2. 体育市场供需

（1）体育市场供给

在体育市场中，影响市场供给的因素主要有产品价格、企业生产成本、技术水平、相关物品价格、企业预期、政府行为等（图5-4）。

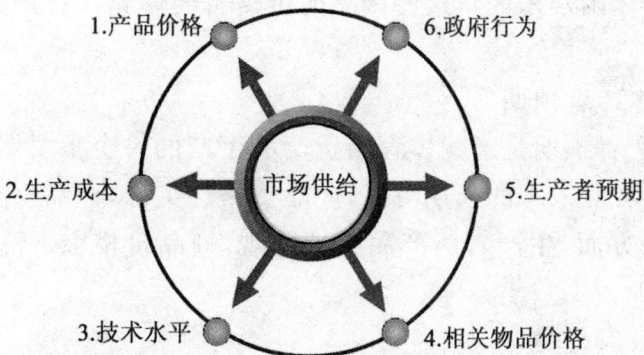

图 5-4

影响市场供给的因素具体分析如下。

①产品价格

在体育市场中，企业的体育产品价格与生产量之间具有密切的关系，通常，产品价格越高，则企业会加大该产品的生产量，以获得更多利润。

②生产成本

市场发展具有其内在的规律，假设其他条件不变，产品生产成本提高，企业的销售利润会减少，因此企业想在市场中获得更大的经济利益，就会不断提高技术、降低成本。

③技术水平

科技是第一生产力，生产技术的提高，会在很大程度上降低生产成本，有助于企业减少生产投入，同时又提高产品竞争力，这也是许多大企业不断进行科技创新的重要因素，科技创新对体育产业发展有重要促进作用。

需要特别指出的是，科技创新虽然能降低成本、提高产品质量和科技含量吸引更多消费者，但是科技创新往往需要投入大量的人力物力和财力资源,因此,对于创新这一行为,企业经营管理者需要综合考虑成本与收益。

④相关物品价格

体育产品的相关物品主要包括两大类,一是联合副产品(如新闻、竞赛名称、指定产品等),二是其他相关产品(体育文学艺术、体育休闲娱乐等),这些产品的价格也会影响体育产品和服务的价格。

⑤生产者预期

生产者预期是影响体育消费产品生产的一个重要因素,一方面,生产者对未来的预期看好,产品价格会上涨,产品供给量会上升;另一方面,生产者对产品预期悲观,商品价格会下降,产品生产量会少。

⑥政府行为

对于体育企业来说,其生产、经营、管理的决策与活动受到政府相关政策的影响,政府通过土地、税收等政策影响体育产业发展,也会影响企业对投入和产出的经营与管理决策。

(2)体育市场需求

对于体育产业经营管理者而言,体育市场需求是指消费者在一定时期内,愿意而且能够购买体育产品的数量,是既有购买欲望又有购买能力的有效需求(图5-5)。具体用公式可表示如下:

体育市场需求=人口+购买力+购买欲望(动机)+余暇时间

结合上述公式,体育市场经营管理主体在对体育市场需求的分析应中和考虑消费人口、平均购买力、市场目标受众的闲余时间和购买欲望,以便于通过采取一系列经营与管理措施制定科学的市场经营管理策略,以更好地满足消费需求、实现自身利润。

对于消费者而言,体育市场需求就是消费者对体育产品购买量,购买体育商品或服务只要付出一定的资金就能完成消费过程。支付消费资金这一行为受消费者主观意愿和客观条件的共同制约(图5-6)。

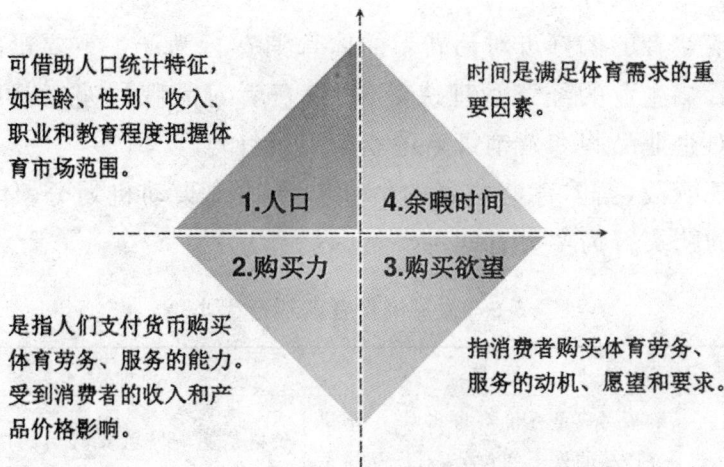

图 5-5

图 5-6

这里重点分析以下几个影响消费者购买体育产品的因素。

①产品价格

价格是影响消费者购买商品的重要因素,一般来说,产品价格与消费者需求成反比,即一种体育产品的价格越高,该产品的市场需求量就会越小;相反,价格越低,需求量就会越大。

②收入水平

收入水平直接影响消费者的购买力,是影响体育消费的决定性因素,一般的,消费者的收入水平高,会增加体育消费。反之,消费者的收入水平低,会减少体育消费。

③消费偏好

消费者的偏好可对消费者的体育消费行为产生重要影响,进而可影响企业的经营管理决策,如消费者对品牌的偏好,可促使企业对企业品牌和营销策略的制定更具针对性。

现阶段,据体育消费者的个性特点和购买动机划分,体育消费者的购买行为主要有四种类型(表5-5)。

表5-5　体育消费者购买行为类型

类型	购买行为	特点
经济型	购买时只重视价格与实用性,不讲究产品的外形和包装,对产品质量无较高的要求,往往价重于质	价格是影响其购买行为的决定性因素
习惯型	只习惯于购买自己比较熟悉和了解的品牌、偏爱一种或数种品牌	偏爱或习惯购买在消费者心中有良好形象的产品
感情型	出于感情动机而产生的购买行动	产品具有强烈的感染力;产品象征的地位与权威刺激消费;通过消费获得健康和安全
理智型	从体育产品长期使用的角度出发,冷静思考,深思熟虑之后作出的购买决定	消费影响因素:产品是否质价相当;产品是否超过自己的开支预算;产品可带来的最大效用性等

④职业水平

在体育市场中,存在着不同的体育消费群体,不同的体育消费群体具有不同的职业水平,这些各具特色的职业会影响不同消费者的消费习惯、消费品位、消费档次。

⑤文化水平

文化对消费选择有重要影响,一般来说,文化水平越高者,越注重精神消费。

3. 体育产业资源

这里主要是指体育产业经营单位的内部资源,包括人力、物力、财力等,这些资源是体育企业经营活动成败的必要条件。缺少任何一种资源都会影响体育经营管理活动的顺利开展。

体育产业经营活动成败在很大程度上取决于体育产业资源能否从环境中顺利获得。从某种意义上说,体育产业经营单位的全部产业经营管理活动的最重要目的就是最大化地利用一切效能,提高单位资源的使用率,将成本压缩至最低,并在这一条件下满足社会大众体育消费需求。

4. 时间因素

时间因素是影响体育产业经营管理的一个重要基本因素。由于经营的内容是与体育相关的产品,因此它就与人们参与体育运动有关,而人参加体育活动的基础条件就是要有充足的余暇时间,这是一个重要条件,如果人没有过多的余暇时间,则参与体育运动的机会就少,自然购买体育产品的行为就少。

与发达国家相比,我国百姓的体育休闲时间主要集中在周末和节假日,这就为体育企业的经营管理活动的时间安排提供了参考,如体育旅游企业的周末郊区旅游和节假日旅游产品与服务的营销策略的制定、宣传与推广。

四、体育产业经营管理的理念

(一)目标管理

科学经营管理应明确目标,在科学目标指导下制定相应的经营管理策略。

就我国体育产业的发展来说,在不同时期,体育产业经营管理者都应对各项工作都制定明确的目标。一方面要将制定的目标以各种形式传递给下属,要明确目标标准和各层目标的连接方式,使员工充分了解体育企业远期和近期目标;另一方面,要将目标管理工作落到实处,目标要具体、可行。

对体育产业经营管理者来说,在制定的目标时,还应考虑员工接受的可能性、参加积极性。

(二)关系管理

企业关系管理是一门新兴的管理理念,企业关系管理是指建立、协调和维系企业在市场经营中诸方关系的行为。

在关系管理理念指导下,体育产业科学化经营管理决策的制定与实施,应正确处理好以下几个关系。

(1)员工关系管理(Employee Relations Management,ERM)。企业要正确处理好企业与内部员工之间的关系,使员工能努力工作促进企业效益的实现,同时,企业要给予员工必要的物质和精神保障,维系和协调员工与管理者、员工与员工之间的关系,建立积极向上的工作环境。

(2)客户关系管理(Customer Relationship Management,CRM)。企业在市场中的生存,与市场各主体有密切关系,要处理好与供应商、合作伙伴、客户等的关系。

(3)伙伴关系管理(Partner Relationship Management,PRM)。体育产业经营企业应处理好与供应商、商业伙伴之间的关系。

(三)知识管理

知识管理是知识经济时代企业发展的客观要求,狭义的知识管理指企业立足于现代生产领域、通过对有知识的人、各种技术资料、信息数据和各种经验、创造性成果等的管理。可以认为,知识管理就是信息管理。

企业经营与管理决策离不开信息的获取、整合、吸收、创新,这些都是经营管理决策的重要依据,由此来说,知识管理是对企业知识资源(信息资源)的动态处理过程。在企业经营管理过程中,知识管理的实施,依赖于企业内部驱动力——企业文化、高层支持、组织机构、信息化基础和激励机制五个要素,这五个要素协同发展,并促使企业不断获得知识、整合知识、吸收知识、进行知识创新,进而实现科学决策(图 5-7),以促进企业在市场竞争中能不断发展[①]。

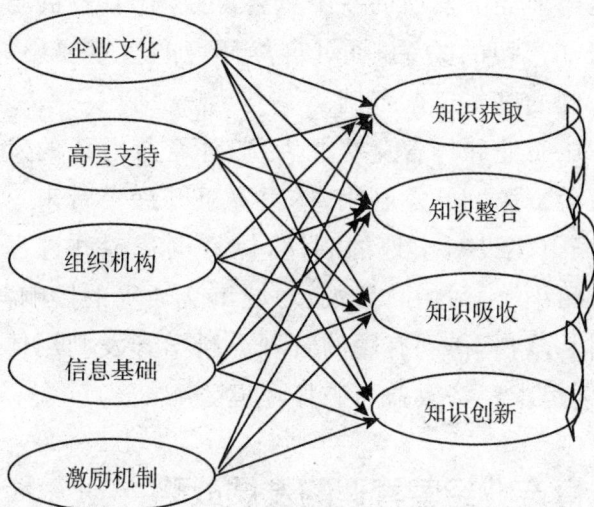

图 5-7

(四)制度管理

人是经营管理活动的决策者和实施者,对于体育产业经营企业来说,要做好选人、用人工作,只有这样才能最大限度地发挥员工的价值,提高工作效率,促进科技创新,促进企业效益的尽快和最大化的实现。

企业的用人制度要求企业应做好以下工作。

(1)做好人力资源规划,合理招聘和进行人员配置,重视人员培训以提高员工的成长空间。

(2)重视绩效管理,最大限度地促进员工能力的发挥,完成工作任务和企业战略目标。

(3)制定合理的薪酬制度和劳动关系管理来留住人才,促进企业的长期可持续发展。

---

① 杨俊祥,和金生.知识管理内部驱动力与知识管理动态能力关系研究[J].科学学研究,2013,31(2):258-265.

(五)绿色管理

环保是当前经济发展的一个重要课题,体育发展与环境保护之间具有非常密切的关系,可对自然环境产生重要影响,环保是企业经营管理的基本道德基础。

以体育旅游业和体育竞赛业为例,体育旅游业的发展涉及对自然体育旅游资源的开发利用,体育赛事开展会带来一系列的环境问题,如场馆建设对土地的利用,体育竞赛举办过程中所产生的各种噪音污染、生活用品垃圾,对城市交通等的影响等,这些问题都应该引起重视,得到有序的管理。科学开发利用体育产业资源,切忌为了追求经济效益而破坏环境。

五、体育产业经营管理的发展战略

(一)以市场为导向

市场具有其自身发展的客观规律与特点,市场经营管理活动在市场环境和条件下进行,因此必须以市场为导向。在现代体育经营管理中,市场是实现体育资源优化配置的主要手段。因此,体育产业管理理必须坚持以市场为导向。

1. 市场分析

在经营管理决策过程中注重分析市场需求、收集市场反馈信息,结合市场结构的变化随时调整经营战略和活动。

2. 市场调研

做好市场调研,有助于为科学经营管理决策提供参考。

市场调研工作是包括体育产品生产企业在内的所有企业在生产某种产品前必须要开展的一项重要工作。市场调研工作的最大意义在于通过市场分析研究来对体育消费者的信息进行收集,以期了解到真实的消费者对产品的需求。

(二)坚持科学发展

科学发展观是我国社会经济发展需要遵循的重要发展观,在我国体育产业发展中,也应重视科学发展。

具体来说,在体育产业发展中的科学发展,是指要不断树立服务意识、创新意识、品牌意识,通过提高产品质量和服务质量来实现体育产业的快速发展。在体育产业体系中,要正确处理各种资源、部门的关系,优化结构。

(三)重视宏观调控

政府对市场经济发展有重要的调控作用,这种作用相对于市场调控来说,是一种宏观调控。

政府对体育产业发展的宏观调控是一种大的方向引导,调控措施主要通过颁布各种政策、法律、法规、规章、制度等进行,用于规范市场主体的市场行为。

近年来,为促进我国体育产业的发展,我国颁布了一系列政策文件,如 2010 年国务院发布的《关于加快发展体育产业的指导意见》指明了体育产业发展目标、任务、方针,2014 年国务院颁布《关于加快发展体育产业促进体育消费的若干意见》,指出"到 2025 年,体育产业总归超过 5 万亿元",这些政策为激发我国体育市场活力发挥了重要作用。

(四)优化资源配置

1. 企业体育资源优化配置

企业要实现自身的不断发展,就必须在发展过程中不断降低成本并实现经济利益的最大化,要降低成本、提高工作效率,就必须对体育物质资源(生产资料)和体育人力资源进行合理调配,实现体育资源的优化配置。

2. 政府体育资源优化配置

政府对体育产业发展过程中的各种体育资源的优化配置表现在经济政策和体育相关政策的实施过程中。

以我国经济政策发展为例,受各种因素的影响,我国东部沿海地区和大城市经济发展水平高,体育产业发展程度高,这是因为我国改革开放后实行了各种有利的经济政策,促进了这些地区的经济快速发展。近年来,我国大力支持中西部发展,重视对中西部经济发展的政策支持,因此,我国中西部地区的经济发展水平得到了很大的提高,又因为我国中西部地区在发展民族体育文化产业、体育旅游产业方面具有得天独厚的优势,我国对中西部体育产业发展提供了大力的资金支持、人力支持,为我国中西部体育产业发展奠定了良好的资源基础,故而我国中西部体育产业正在不断兴起与快速发展,这就是政府对体育资源的配置。

3. 行政管理下的体育资源再分配

目前,我国的体育产业发展态势良好,但是由于处于起步阶段,这个阶段的市场还有很多残缺的地方,并且经常也会出现一些“市场失灵”的现象,也有些“市场发展过猛”现象,如职业体育和体育器材市场,而有些则发展较为缓慢,并且存在着体育产品和服务的价格定位不合理、体育产业管理工作混乱、体育产业内部资源配置失调等问题。

针对上述问题,可以充分利用财政的购买性支出和转移性支出的功能,使其在我国体育产业的运行过程中,充分发挥其纠正市场不完善的功能,解决体育产业运行中存在的各种矛盾和问题。

政府还应重视发挥行政管理职能,利用政策等手段对体育资源进行再分配,以期理顺体育产业和其他产业部门的关系,为体育产业的发展提供一个良好运行的政策和市场环境。

（五）完善产业结构

在全球体育产业发展中,整个世界范围内,各种生产资料和人力资源的跨国流通实现了体育资源的全球化优化配置,全球范围内的体育市场的形成,也促进了整个世界的体育产业结构的不断变化、调整、优化。

在我国,体育产业在国民经济发展框架中,地位不断提升,这有助于实现国民经济结构的不断完善。在体育产业体系内部,各体育市场的不断发展促进了体育市场主体、不同体育产业部门的出现,并且出现在各领域的数量不断变化与调整,这是体育市场的自由选择,是体育产业发展的必然趋势。例如,近年来,我国大众体育消费观念不断改变,大众体育健身休闲娱乐消费日益增长,体育健身、体育竞赛表演等产业发展迅速,各种体育产业的此消彼长,促进了我国体育产业结构的优化[①]。

（六）建立健全法制

我国强调依法治国,在体育市场建设过程中,也要做到有法可依、有法必依。

与体育发达国家相比,我国体育产业发展起步晚,但是发展速度快,这离不开我国政府对体育产业发展的大力支持。在体育产业的快速发展过程中,体育产业并没有走太多的弯路,体育市场一直保持着竞争有序、充满活力的良好环境,这一现象与我国不断建立健全体育市场法制有密切的关系。

建立良好市场秩序,加快体育法制建设,是体育产业科学发展的重要前提。

（七）重视产品服务创新

随着我国体育产业的持续不断发展,我国体育市场中的体育

---

① 杨丽丽. 我国体育产业结构现状与优化对策研究[D]. 上海体育学院,2013.

产品、体育服务越来越多,越来越多的市场主体开始涌入体育市场,体育市场逐渐饱和。

在激烈的市场竞争中,体育市场主体在市场竞争中获胜,靠的不只是体育产品和体育服务的数量增多,更重要的是,不断提高体育产品和体育服务的质量。只有这样,才能为体育消费者提供优质产品与服务,吸引消费者,才能在体育市场中扩大市场规模,在市场竞争中占据优势。

新时期,我国体育产业经营与管理的科学化发展处于探索阶段,应结合我国市场经济发展的客观规律和基本国情,继承我国体育事业的成功模式,同时大胆吸取国外成功经验,重视体育产业的产品创新,既包括实物产品的创新(如新型体育器材的生产),也包括服务产品的创新(比如新体育娱乐项目的开发),使企业的经营管理真正做到低成本、高效率、新发展。

(八)重视多元效益实现

追求经济效益是市场主体的主要目标。但市场竞争中,总会有一些市场主体眼中只有经济效益,为获得最大化的经济效益而产生各种不正当竞争行为。

体育产业发展具有重要的社会意义,企业在追求经济效益的同时也要兼顾社会效益,否则企业很难有长远的发展。

此外,体育经营管理还应充分考虑环境效益,充分考虑生产经营过程中所产生的用地问题、噪音污染、空气污染、交通问题以及回收重复利用等问题。重视环保是体育企业可持续发展和人类社会可持续发展的必然要求。

在体育产业经营和管理过程中,要做到经济效益、社会效益、环境效益并重。

第六章　体育产业资源管理

　　体育产业发展离不开体育资源的合理化开发、利用与配置，体育资源是体育产业发展的基础，要想实现体育产业的科学化发展，就必须在体育资源的合理开发、利用与配置方面下功夫，如此就要求必须重视体育产业资源管理。体育产业资源管理包含多方面的内容，归纳起来主要有体育物力、财力、人力资源三方面，结合当前我国体育产业发展的整体环境和体育产业发展的阶段特点，这里重点就体育场馆资源管理、体育无形资产与资本管理、体育产业人才培养进行解析，以促进新时期我国体育产业资源的合理利用与最大价值的发挥，加快我国体育产业的发展，提高我国体育产业在国际中的竞争力。

第一节　体育场馆资源管理

一、体育场馆概述

(一)体育场馆的概念

　　体育场馆是体育场和体育馆的总称，是供人们进行各类体育活动的空间及其附属设施所构成的环境的总称[①]。

　　体育场馆为各种体育活动（体育健身、体育竞赛、体育表演、体育文化活动等）的开展提供了必要的活动空间，是体育发展的重要物质资源基础，在体育产业发展中具有重要的地位和作用，

---

　　① 易国庆.体育场馆的经营与管理[M].北京:人民体育出版社,2009.

与体育建筑业、体育健身娱乐业、体育竞技表演业等具有非常密切的关系。

(二)体育场馆的分类

根据不同的划分依据,可以将体育场馆分为不同类型,具体见表6-1。

表6-1　体育场馆资源类型

分类标准		体育场馆资源类型
投资主体	政府投资	国有体育场馆
	社会集资	民间组织、个人投资的体育场馆
经营性质	公益性体育场馆	包括国有性质的体育场馆、单位所属体育场馆
	商业型体育场馆	个人或公司负责经营与管理
	混合型体育场馆	主要用于举办专门性赛事,同时也负责举办综合体育赛事
建设规模	大型体育场馆	承担大型体育活动、座位在5万以上
	中型体育场馆	承担较大型体育活动、座位在2~5万
	小型体育场馆	承担休育活动、座位在2万及2万以下
体育规则	标准体育场馆	根据各体育项目的国际协会所规定的标准设计的体育场馆
	非标准体育场馆	
使用用途	专用体育场馆	适用于一个或一类项目
	综合性体育场馆	开展各类群众体育活动、满足群众文化、娱乐、健身需求,也可以作为竞技体育的训练基地
聚散程度	独立场馆	单个体育场馆建筑
	体育中心	多个场馆集聚而成的体育建筑群
使用性质	体育比赛场馆	严格按照国际体育竞赛规则标准,满足国家正规比赛使用
	体育教学训练馆	根据学校体育教学、训练要求建设,满足校园体育教学、训练需求
	体育健身娱乐场馆	具有多元功能,如健身、娱乐、休闲等,用于满足大众体育需要

续表

分类标准	体育场馆资源类型	
占地面积	小型体育中心	占地面积 20 公顷以下
	中型体育中心	占地面积 20～60 公顷
	大型体育中心	占地面积 60～200 公顷,如国家奥林匹克体育中心
	特大型体育中心	占地面积 200 公顷以上,我国暂时没有

(三)体育场馆资源管理

体育场馆是发展体育的场馆设施,对于场馆的管理可以说是整个体育事业和体育产业管理的一项基本工作。在体育产业发展过程中,重视体育场馆的有效管理,有助于竞技体育、社会体育、学校体育、军事体育等各方面工作的正常有序进行。

体育场馆资源的管理包括两个方面的含义,其一是国家对我国体育场馆资源的宏观配置,其二是体育场馆经营者对体育场馆这一体育资源自身的管理,本书重点解析体育场馆资源管理的第二种含义,对体育场馆的多元化管理进行详细分析。

(四)我国体育场馆资源现状

1. 体育场馆场地标准现状

据相关数据显示,截止到 2012 年 6 月,我国各类公共体育场馆已经达到了 110 多万个,体育健身指导站、各类体育健身站点25 万多个。

在第五次全国体育场地普查中,我国有标准体育场馆 64 种,体育馆、体育场等大型体育场馆共计 5 680 个,占标准体育场馆总数的 1.0%,占全国体育场馆总数的 0.7%[1]。近年来,随着我国大众健身的不断发展,我国积极加强体育基础设施建设,各地区的体育场馆数量不断增加,出现了许多达到国际标准的大型公共

---

[1]　杨远波.体育场馆经营导论[M].成都:西南财经大学出版社,2006.

体育场馆,学校体育场地也在成倍增加,社区体育场馆的建设也蓬勃兴起,但是,大型体育场馆的数量在全国体育场馆资源中占比不高,体育场馆资源分布不合理。

2. 体育场馆区域分布

从体育场馆资源的区域分布来看,受我国地区经济发展和国家体制因素的影响,在不同的投资主体投资建设的体育场馆中,我国国有型的体育场馆占有相当大的比重,这一比例超过了总数的 66%,国有大型体育场馆主要集中出现在大城市,如北京、上海、广州等。

第五次全国体育场地普查发现,一方面,我国各地经济发展水平不平衡,这就导致了我国体育在各地区的发展不平衡,我国体育场馆建设数量在各个地区表现出明显的差距,调查发现,广东省体育场馆数量居全国首位,西藏地区的体育场馆数量在全国范围内是最少的。另一方面,我国体育场馆设施在城乡之间明显存在不平衡的现象(表 6-2)。

表 6-2　我国体育场馆设施在城乡的分配

分布地	比例(%)
校园	67.7
机关企事业单位楼院内	9.2
居住小区和厂矿	8.33
乡(镇)村	8.18
其他地方	6.59

3. 体育场馆经营情况

目前,我国有 60 多万个不同规模和种类的体育场馆,且每年还在以一定的比例增长。但由于设计和规划不合理,体育场馆的经营模式单一,体育场馆的综合利用率低,许多场馆面临着经营入不敷出的问题,给国家造成了巨大的财政负担。

近年来,为了不断满足我国人民群众的体育健身、娱乐、休闲需要,同时,也为了最大限度地提高我国体育场馆的利用率,我国许多大型体育场馆在举办完体育竞赛之后都面向社会群众进行开放经营,有效提高了体育场馆的赛后利用率,体育场馆的自我造血功能提高,实现了自主经营管理,同时,又进一步满足了大众的体育健身、娱乐、休闲需求。

4. 体育场馆资源利用率

随着我国体育事业的不断发展,我国对体育基础设施的建设不断增加,我国各种类型的体育健身场地资源数量有了很大的增加,人民群众体育健身有了更多的场地和空间。

但是必须认识到,我国人口基数大,人均体育场馆场地的占有量还比较少,一部分群众的体育需求不能得到很好的满足,人均体育场地面积还有待进一步增加。

现阶段,为了为广大人民群众的健身提供良好的体育空间,同时也为了最大限度地提高体育场馆资源的利用率,解决场地闲置问题,我国大力推动体育室外场地对外免费开放;而场地资源的稀缺反映了我国体育场地设施问题仍然是困扰我国群众体育的关键问题。

二、体育场馆资源的科学化管理

(一)体育场馆规划管理

体育场馆的科学规划主要表现在体育场馆的建筑设计方面,如选址、主体建筑设计、场馆发展规划等,科学的规划是体育场馆资源有效利用和管理的第一步。

体育场馆的科学规划要建立宏观和微观两个规划意识和观念,真正实现从选址到建筑、从场馆风格到场馆用途的合理化。具体应做好以下工作。

1. 总体规划方面

(1)进行体育场馆的整体规划时,应注重采用"集中与分散相结合"的空间布局。具体来说,"集中与分散相结合"的空间布局,兼有集中式布局和分散式布局的优点,能较好地兼顾举办体育赛事的要求及赛后使用的经营要求。

(2)体育场馆地址选择方面,应在市区,便于市民前往,体育运动场地应选择靠近民众或民众比较集中的地方,这样有利于人民群众业余体育活动和群体活动的开展。

(3)体育场馆的总体规划还应特别注重建设多功能混合使用的体育中心,保证赛事后能继续使用,不至于造成资源浪费。

(4)体育场馆设施的建设要确定社会体育场所的数量,一般来说,体育场地设施的数量应与当地人口数量和体育人口数量相符。

(5)体育场馆设施的类型配置应与当地群众的体育爱好、年龄结构、职业结构等相符。

2. 单体建筑方面

针对具体的某一个体育场馆单体建筑,在建筑设计与规划时应考虑以下几点要求。

(1)主空间的多功能性,加大比赛场地的尺寸、增加设备,以适应各种体育项目的比赛和训练的需要,同时考虑各种活动(如演出、集会、展览等)使用的可能性。

(2)附属空间的多种经营,如设置餐饮、商业、娱乐、住宿等用房。

(3)体育设施的灵活性,如设置移动地面、活动坐椅、灵活隔断、开启式屋盖等。

(4)扩大使用对象,体育场馆的建设不仅可以供体育赛事、体育训练使用,还可以为群众的日常健身提供活动场所,扩大使用对象。使体育场馆的使用人群能充分涵盖运动员群体、大众健身群体、特殊人群。

(二)体育场馆经营管理

1. 体育场馆经营类型

就我国体育场馆经营管理现状来说,主要有以下几种经营方式。

(1)直接经营

直接经营,是体育场馆的经营管理由场馆管理人员直接负责决策。

现代体育场馆的建设多以满足经营需要和增加营业收入为目的。消费者选择体育场馆参考两个标准:场馆是否具有较完善的体育设施,体育场馆所提供或经营的体育活动是否符合消费者的体育需求。因此,在体育场馆经营管理过程中,尤其要重视体育消费者的体育需求分析,以便于为消费者提供优质产品与服务,如此才能满足消费者的消费需求,吸引消费者消费,实现经营管理效益。

体育场馆在直接经营中,应重点完成以下经营任务。

①主观方面

A. 提高自我发展能力,自负盈亏。

B. 实现自我功能的多样化,满足现代社会广大人民群众的体育健身、娱乐、休闲等多样化需求。

C. 加大无形资产开发,树立"资产"及"市场"的观念,提高体育场馆经济附加值。

②客观方面

A. 满足人们体育锻炼的需要。

B. 满足人们体育健美塑形的形体美发展需要。

C. 满足人们的体育娱乐需求。

D. 满足人们学习体育技术技巧的需求。

E. 满足人们的安全需求,提供安全放心的体育环境。

F. 满足人们的卫生需求,提供优雅洁净的体育环境。

体育场馆经营中,只要做好各种体育产品和服务准备,就能维持稳定的客户源,并可以赢得消费者的好评,吸引更多消费者来消费,使场馆收入稳定。

但是,也应该充分认识到,由于会员经营适用于高档和大型体育场馆,因此,会员经营制面临着巨大的先行资金投入的问题,如果没有足够的会员加入,投资大的高档体育场馆可能会产生严重的财政赤字。

(2)承包经营

承包经营制可以通过协商或者招标的形式进行承包,主要包括整体承包和分割承包两种形式,前一种形式的经营,需要体育场馆寻找具有雄厚经济实力的承包者,整体承包后按年收取承包费用;后一种形式的经营要求根据场馆中不同的体育设施、体育健身休闲项目进行分割,承包给不同的经营者。

承包经营利弊参半,具体分析如下。

承包经营制度最主要的优势就是能够让经营者比较轻松地获得稳定收入。

承包经营的缺陷在于体育场馆的管理者无法对承包者的经营行为进行监督和规范,如果承包方有违法行为,场馆的经营管理者也难辞其咎;此外,若承包者和场馆经营者之间产生矛盾,将不容易处理,毕竟合同或者协议不能穷尽一切可能发生的各种变故,随时可能有意外发生。

(3)合作经营

所谓合作经营,具体是指体育场馆以固定资产为投资,其他投资者以现金、设备、经营管理为资产,实现共同经营。该经营方式的主要特点是可以弥补经营中资金缺乏、管理能力不足的缺陷,建立利益共享、风险共担的经营机制。合作经营制,对体育场馆与合作者来说,最主要的就是做到共享。

相较于其他经营形式,合作经营需要经营合作伙伴之间具有非常好的信任度,如此才能做到彼此诚信经营,否则就可能导致合作关系的破裂。

（4）委托经营

委托经营制，又称"托管模式"，是当前欧美国家被普遍采用的一种经营管理类型。比较适用于专业性较强的体育场馆的管理与经营。

2. 体育场馆经营内容

体育场馆的经营是对场馆资源的一种综合性经营管理（运营）。体育场馆经营管理人员在履行国有资产受托人的职责和权利时，应做到以下几点。

（1）获得资产使用权以及剩余回报索取权。

（2）自主制定体育场馆整体发展战略。

（3）在战略指导下，面向市场设计、提供产品和服务。

（4）承担经营成本，获得经营回报。

3. 体育场馆经营管理效益原则

科学发展观要求在发展体育产业的过程中兼顾经济效益和社会效益，实现二者的协调发展。体育场馆资源的经营管理中，也应实现体育场馆经济效益与社会效益的有机统一。

首先，体育场馆的发展应该满足丰富社会文化生活、发展体育事业、建设社会主义精神文明的需要，必须依法向社会公众开放，为人民群众服务，实现社会效益。

其次，体育场馆应该在市场经济条件下，充分发挥其各种资源的市场价值，通过高品质的硬件设施和优质服务获得回报，实现经济效益。

（三）体育场馆资源管理

1. 人力管理

体育场馆的人力管理包括设立组织机构、人事管理以及日常工作管理(表 6-3)。

表 6-3　体育场馆人员工作的日常管理制度

内容	说明
组织规则	企业各直线部门、职能部门、各层级之间的权责结构。指挥、服从、监督、保密协定等规定
时间规则	作息时间、考勤办法、请假程序及办法等规定
岗位规则	劳动任务、岗位职责、操作规程、职业道德等规定
行为规则	语言、着装、行为举止、礼仪礼貌等规定
协作规则	工种、工序、岗位之间的关系,上下层次之间的连接、配合等规定
其他规则	根据企业自身情况依法制定

2. 财力管理

体育场馆的财务管理包括多个方面,主要涉及营业收入、费用开支、票据管理、材料物资管理等。

需要特别提出的是,在体育场馆的管理中,财务管理是非常特殊的一个部分,涉及每日的管理和整个经营管理,因此要特别认真地进行管理,对于每个财政手续都要清楚明确,并确保责任到人,还要加强监查管理。在一些大型体育场馆的运营中,往往设有专职的监查组,而一些规模不大的场馆,也有专职或兼职的人员负责监查工作。一般的,监督和检查收款员的工作,是监查人员的主要职责,他们负责对收款员的账目进行查对核算,并负责清理查收营业中的票据以及代用币等。加强监查管理,对于收款方面的漏洞有较好的预防作用,对"窃款""跑账"和错账也能起到较好的预防作用。但仅靠监查制度这一单一措施和制度进行财务管理是不妥的,应该将它与其他措施和制度相结合进行管理。

3. 物力管理

体育场馆的物力管理主要是指体育场馆内的体育器材、设施、设备的管理。即供电、给排水、空调、电梯等常规设备及专门配置有智能化的中央控制系统、无线上网系统、广播扩音系统、照明系统、草坪加热系统、制票检票系统及门禁身份识别系统等设施设备的管理。

在体育场馆的物力管理中，即使小到一个器械设施零件，都要做到管理的细化，包含了从选购设施设备或自行设计制造设施设备到设施设备在服务经营领域内使用、维护、修理，直至报废退出服务经营领域等内容（图 6-1）。

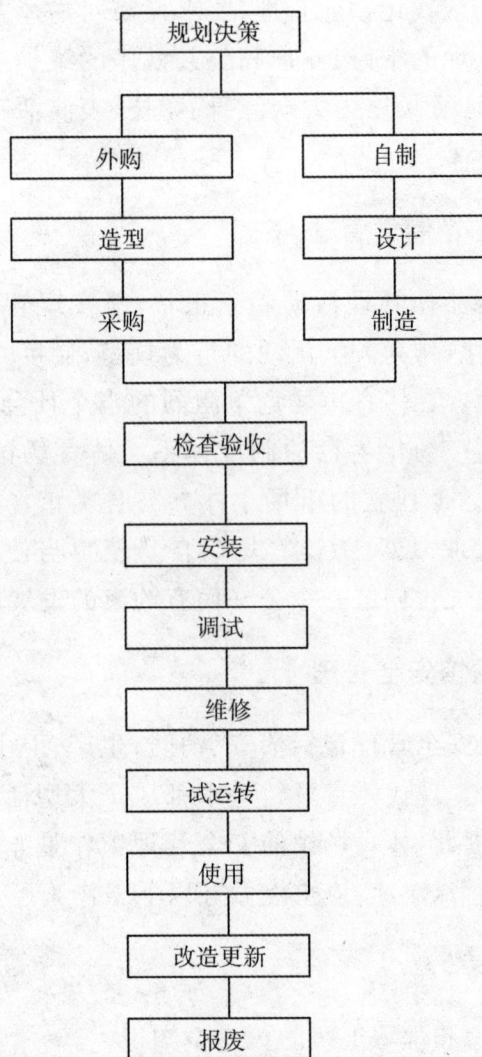

```
                        规划决策
                   ┌───────┴───────┐
                 外购              自制
                  │                │
                 造型              设计
                  │                │
                 采购              制造
                   └───────┬───────┘
                        检查验收
                           │
                         安装
                           │
                         调试
                           │
                         维修
                           │
                        试运转
                           │
                         使用
                           │
                        改造更新
                           │
                         报废
```

图 6-1

(四)体育场馆物业管理

包括综合体育馆、游泳馆、足球场及相应配套的训练场馆及商业网点,如酒店、超市、餐饮等。

随着时代的变迁和发展,现代物业管理的社会化、专业化、企业化的经营型管理日趋与市场经济体制相适应。物业服务企业的业务领域也不断得到拓展,其行业内涵也日益丰富。

体育场馆的现代化物业管理,要求保障对房屋及其配套的设施设备和相关场地的维修、养护和公共秩序的维护等管理活动的正常进行,关注体育场馆为大众健身、竞技、表演活动服务的软环境质量的提高。

(五)体育场馆制度管理

良好的制度能让管理活动趋于正常,能实现管理的公平、公开、公正和科学化,作为人类活动的行为规范,制度对人类行为有促进或阻碍作用。在体育市场竞争激烈的当今社会,体育场馆必须有一套保障其市场化生存的制度体系。体育场馆的市场化生存,需要其作为一个独立的市场主体参与各类市场竞争活动,同时要加大经营管理力度,为体育场馆自身获得与使用市场资源、为其经营行为的优化创造一个公平而有约束的发展环境。

(六)体育场馆安全管理

体育场馆的安全管理包括治安、消防、生产、卫生安全管理的有关内容和方法。现代体育场馆基本都成了大型活动场所,可容纳成千上万人,因此,体育场馆的安全管理工作是非常烦琐的,要注意到每一个细节,对此,应重点做好以下工作。

1. 日常消防管理

(1)及时传达和学习上级防火安全知识。

(2)建立日常的防火安全值班制度。

（3）经常进行全面的防火安全检查。

（4）防火责任落实到个人。

（5）发生火灾,正确报警,及时灭火。

（6）做好人员疏导工作。图 6-2 为观众人流流线,图 6-3 为运动员、演出人员人流流线,图 6-4 为工作人员人流流线[①]。人员撤离时,应避免相互干扰,保持各自流线的人流畅通是人流组织工作的核心。可设置专用通道和入口,并合理、均匀布置,明确分区,路线短捷,建立紧急疏散通道,各出口安排专门人员指导疏散。

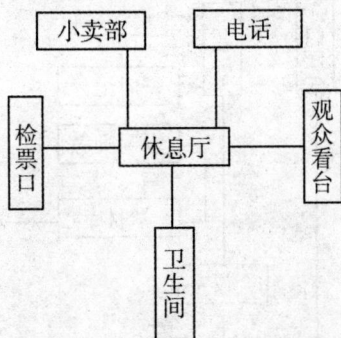

图 6-2

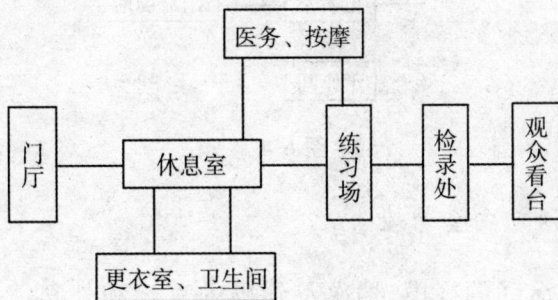

图 6-3

---

① 谈群林 . 体育场馆经营管理实务［M］. 广州:华南理工大学出版社,2011.

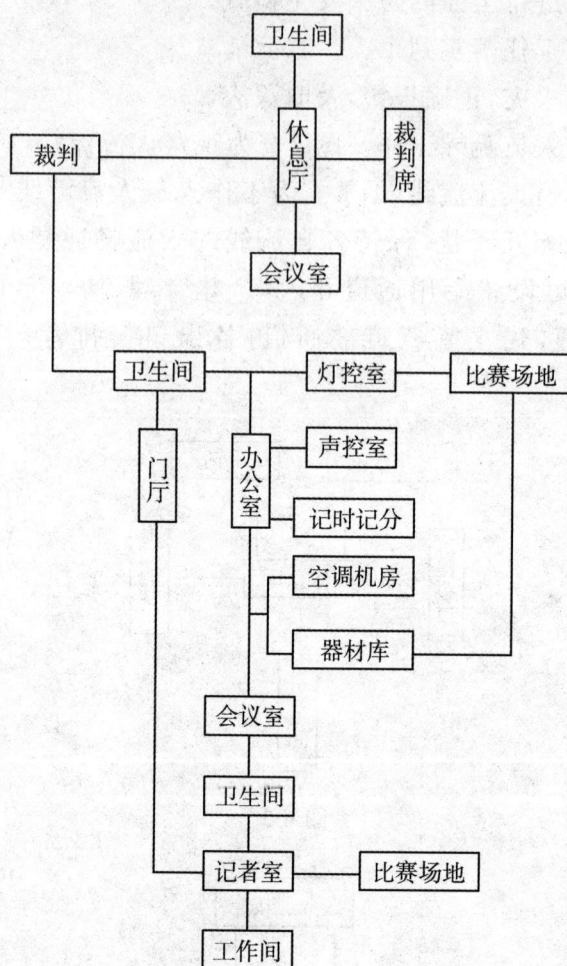

图 6-4

2. 大型活动安全管理

（1）根据活动的规模、档次及到场的首长和外宾情况，制定出全面的工作计划和对紧急情况的应急措施。同时还要与公安（治安、消防、交通）武警、组成领导小组，保持紧密联系，请他们参与活动的安全保卫工作。

(2)活动前,要对本场次活动的票证提前了解和熟悉,值班人员要保管好钥匙,按活动规定的时间准时开门。

(3)工作人员在验票工作上要认真负责,维护好入场口秩序,把好入场关。要积极妥善地解决活动中发现的问题并及时向上级领导汇报。入场完毕后,所有入场门都不得上锁,随时准备应对人员的疏散。

(4)活动进行时,要对入场口、看台通道和台阶的秩序进行有效的维护,确保各疏散通道的畅通无阻。加强规定区域内人员巡视,对现场秩序实施有效的管理。

(5)关注活动开展过程,对活动的要害部位,如比赛现场、主席台、贵宾休息室、运动员休息室、灯光和音响控制室等,都要安排专业的安保人员进行维护,确保整个活动安全顺利地进行。

(6)活动结束后,应在确保观众和运动员全部离场后,对场馆内进行全面的检查,及时排清安全隐患。

3. 安全事故应急处理

(1)积极巡查,发现疑点。服务人员应在场馆有效范围内进行全面的巡查,仔细观察,对可疑人员应采取继续观察、主动询问等方式,对其具体情况进行进一步的了解和掌握。

(2)及时处理。体育场馆中有突发事故,工作人员应立即采取紧急措施,以免事态扩大,造成更大损失,如制止毁坏公共财物,阻止小偷行窃等。

(3)及时报案。提前做好应急预案,一旦发生危急情况,立刻启动应急预案,如果情况较为严重,应立即报警,寻求警方帮助。

(4)保护现场。如果遇到一些重大案件,在报案后应注意对现场的保护,为安保部或公安部门尽快侦破案件提供有利条件。并主动向公安部门实事求是地反映情况,为调查整件事情提供线索帮助。

第二节　体育无形资产与资本管理

一、体育无形资产管理

(一)无形资产与体育无形资产

1. 无形资产

无形资产,不具备物质形态的资产,包括知识、文化、技术、信息、权利资产等,它们是以自身文化理念创造的一种非物质化的经济资源。

2. 体育无形资产

现代一般认为,体育无形资产是指不具有实物形态而主要以知识形态存在的体育经济资源,是能够为其所有者或合法使用者提供某种体育的权利或优势,并带来经济收益的固定体育资产。

体育无形资产具有双重属性,具体解析如下。

(1)劳动属性,体育无形资产是人类劳动的结晶,其价值的产生和增值是一种不断创造、投入和积累的劳动过程。如专利权、版权和专有技术等都是创造者脑力劳动的成果,具有极大的价值,因而理应受到法律的保护。

(2)商品属性,同其他商品一样,体育无形资产作为一种商品,其具有使用价值和价值两种属性,也是一种用来交换的劳动产品。例如,某些专有技术是体育部门各组织机构正常运作的基本保证;对体育产业而言,企业知名度的提高,名牌产品的产生,要通过赞助竞技体育事业来获得,这就是体育无形资产的使用价值。而体育无形资产的价值则在其买卖过程中得以实现。

3. 体育无形资产的特征

(1)权利的主体性

一般来说,体育无形资产的主体有权利开发和利用无形资产的价值,从而获得经济效益和社会效益,而其他主体则必须要经过契约手段,以特许经营权的形式有偿或无偿转让后才能开发和利用。

(2)经营的法定性

体育无形资产是以知识、文化、技术、信息等非物质形态存在的,它具有鲜明的专有性和垄断性,体现出强化的法定权利。

以体育赛事的经营为例,体育赛事的举办权及其各项无形资产的特许经营权是由法律或政府赋予的;再以体育彩票经营权为例,在我国,体育彩票的发行和销售是由国家的行政和法律赋予的。未经官方许可,任何企业或个人均没有体育无形资产的产有权,不得随意使用体育赛事的口号、商标、徽章或标志等,如果违反则构成违法行为。

(3)价值的不确定性

有形资产的价值具有一定的范围,价值标准明确,体育无形资产价值具有不确定性,有时这种不确定性受体育资产本身的市场供给和市场需求波动的影响较大,这种不确定性主要表现在以下两个方面。

首先,体育无形资产的市场交易受诸多因素的影响。

其次,体育无形资产具体的交易过程还受到项目水平、项目普及程度,以及商业价值大小等因素的影响,因此,所表现出的价值具有不确定性。

(4)企业的相关性

体育产业是国民经济的重要组成部分,体育与市场经济发展联系紧密,不仅是体育产业内部,包括体育产业的市场主体与体育相关产业的市场主体之间也可能具有非常密切的联系,经济效益是体育无形资产的重要价值体现。

在市场经济条件下,市场主体(企业)的相关性是体育无形资产的权力拥有方追求的重要经济目标。而权利拥有方要管理好自己的企业,展现出自己的特色,要具有一定的吸引力。企业借助体育无形资产能够提高知名度,获得高额的利润和较高的市场占有率。而体育无形资产的开发只有达到理想的社会效益和经济效益,才能获得企业的信赖和支持。

(5)媒体的联动性

在体育产业的发展中,媒体发挥着越来越重要的作用。体育无形资产是借助于大众传媒而发展起来的,因此其传播必须要通过媒体与媒体的联动,才能实现其价值。

当前社会,科技日益发达,传统媒体与新兴媒体逐渐拉开距离,电视、网络成为人们日常生活重要的一部分。一方面,体育无形资产借助新媒体的传播而得以迅速扩大,对体育事业产生了重要的影响;另一方面,媒体越先进、影响面越广,报道频率越高,宣传效应就越强,也促进了体育无形资产的价值的不断增加。

4. 体育无形资产的主要内容

(1)体育赛事的举办权、经营权、使用权

体育赛事举办权及相应的经营权受到法律的保护,任何单位和个人未经允许不得擅自使用。其次,体育无形资产特许经营权及使用权,主要包括冠名权、冠杯权、广告发布权、电视转播权,竞赛名称、会徽、吉祥物等标志的特许使用权等,这些权利同样也都受到法律法规的保护。

(2)体育组织名称与标志的专有权、经营权、使用权

体育组织的名称和标志实际上是厂商的名称和字号,属于知识产权的范畴,其专有权、特许经营权和使用权也受到法律的保护。如奥委会所使用的文字及标志,运动队的名称及其队徽等都属于无形资产,受法律保护。

(3)体育专有技术的发明权、使用权、转让权及科技成果权

体育专有技术的内容非常丰富,表现在运动队上,主要包括

教练员的训练方法、动作编排方案、运动队的管理手段和方法等。

体育专有技术是一种非常重要的无形资产,它是维持和组织各项体育工作的重要利器。一个出色的体育企业和运动队,必须要有创造和发明专有技术的动力。

(4)体育名人的广告权和代理权

在市场经济条件下,体育名人的广告权和代理权有着极高的商业价值。体育名人的广告权和代理权在国际上通常是归体育名人个人所有,而在我国则是国家和个人各占一定的比例。

(5)体育场馆和设备的租赁权

体育场馆通过对场地和器材设备的对外租赁,在场馆经营的淡季为场馆的运营创造一部分收入,以确保体育场馆的持续运营。

(6)体育彩票的发行权、专营权和销售权

在我国,体育彩票的发行权、专营权和销售权资产归国家所有,直接由国家的行政管理部门控制。

(二)体育无形资产管理

体育无形资产管理具体是指资产所有人对体育无形资产实施财产所有权的管理。所谓财产所有权,是指所有权人在法律规定的范围内对自己的财产享有占有、支配、收益和处置的权利。加强体育无形资产的管理对提高体育无形资产的价值和进行产权保护有着十分重要的意义。

当前,我国体育无形资产的管理主要涉及以下几个方面的内容。

1. 体育无形资产的产权占有管理

明晰体育无形资产的产权主体、范围,负责产权登记统计、财产清查、掌握产权变动情况等,对体育无形资产实施直接的管理和监督。

2. 体育无形资产的经营使用管理

对体育无形资产的经营使用管理包括以下三方面的内容:

(1)规范体育无形资产的经营和使用方法。

(2)统计和监督体育无形资产经营和使用的效益。

(3)确定体育无形资产的经营方式和管理方式等。

3. 体育无形资产的投资和收益管理

体育无形资产管理主要是利用体育无形资产进行投资活动和对体育无形资产经营收益进行管理。

4. 体育无形资产的资产处分管理

根据各体育职能的情况和实际需要,组织体育无形资产转让、出售、拍卖、核销;组织对体育无形资产进行评估、确认;取得、运用和管理产权转让的收入等。

二、体育资本运营管理

(一)体育资本经营的概念

从经济学角度来看,体育资本经营是随着社会主义市场经济体制的建立而形成和发展的,它是资本运营在体育领域中的推广和运用,属于资本运营的一部分。因此说,体育资本经营是指以体育资本增值为目的的一切经济活动。

经济学意义上的体育资本具有资本的一般性。在进行体育资本的经营时,要将一般资本的机制同体育资本的管理机制相结合。体育企业既可以自己直接经营,也可以采取多种形式进行产权转让,还可以通过体育资本的优化组合实现利润的最大化。

资本运营并非国际通用概念,它是我国经济学家结合资本运作的实际以及我国资本市场的特点嫁接而成的本土化概念,而体育资本运营,则是资本运营的理念与模式在体育领域中的推广和运用。

在当前中国特色的市场经济条件下,我国体育产业逐渐发展成熟,体育市场化的发展逐步深入,一些成熟的资本运营理念与模式也不断被引入体育领域中,这为体育资本的运营创造了一定的市场条件。

(二)体育资本经营的特点

体育资本经营以体育资本直接运作为基本经营方式,经营目的是提高体育资本经营活动的效率,获得最大经济效益。

当前,体育资本经营主要有以下特点。

(1)运营对象证券化。现阶段,体育资本经营的对象是证券化了的体育物化资本。如股票,是可以按证券化了的体育资本操作的体育物化资本。

(2)运营方式追求效率化。体育资本经营的核心是如何通过优化配置来提高体育资产的运行效率。体育资本经营在运作方式上,主要有两种形式:一是转让权的运作;二是收益权和控制权的运作。

(3)运营目的的资本收益。体育资本经营的目的是实现较高的体育资本收益。体育资本经营主要有体育货币资本、体育虚拟资本彩票、产权凭证三种形式,都是为了能更好地提高体育资本的收益。

(三)体育资本经营的内容

1. 货币资本

货币资本是体育资本运营的重要内容基础,是各个体育经营管理者都非常重视的一部分经营内容。

2. 人力和技术资本

这里重点是指体育人力资本与体育无形资本。体育资本不仅包括资本市场上的各种货币资本,同时还包括体育市场的虚拟资本、技术和人力资本等。

3. 赛事资本

体育赛事是一个重要的体育资本,也是体育市场中各大小企业和赞助商都非常重视的一部分内容,体育资本运营不仅仅只局限于企业,其中有很大一部分体现在以体育赛事为代表的项目运作等各方面。

新时期,随着竞技体育的快速发展,众多的体育赛事源源不断地出现,一些体育赛事组织者为了更好地组织和管理体育赛事,将资本风险投资和项目管理的理念充分运用到体育赛事的运作管理中,通过利益共享、风险分担的方式,将银行、保险、风险投资公司等资本运作主体引入赛事的运作经营中,拓宽了融资渠道,提高了资本经营效率。

(四)体育资本科学运营模式的构建

现代市场经济条件下,要实现体育资本的科学化运营,构建科学完善的资本运营模式,应注意做好以下工作。

1. 提高企业的核心竞争力

任何一个资本市场中,资本的运营都与企业的实力有着密切的关系,要想资本增值和盘活资本存量,就必须将资本运营同企业的核心能力有机结合起来,如此,才能实现企业的长远发展。

2. 降低资本运营成本

资本运营可有很多种运作方式,但是如果企业是以高成本付出为代价的,那么资本运营的效率可想而知是极其低下的。因此,要想实现企业利润的最大化,就必须实现低成本扩张和资本效益的有机结合。

3. 促进内部管理完善

经济全球化发展背景下,要想实现我国体育产业的可持续发展,必须不断完善制度管理,如此才能使得企业的资本管理更加科学化。

4. 加强企业的品牌建设

企业良好的品牌建设可以作为企业在市场上竞争的重要基础,是企业发展的重要无形资本,就世界体育市场发展来看,我国企业经营者在资本运作过程中,片面强调资本存量统计数值的增加,忽略了品牌创新,创新能力存在不足,这在很大程度上影响着企业的进一步发展。

在知识经济时代,企业的长远发展不仅仅体现在有形资产的拥有数量上,还体现在企业的无形文化价值方面,品牌创新对企业经营发展具有重要的推动力,因此体育资本运营商必须加强品牌创新。

5. 加强对外交流与合作

我国体育产业发展程度还不高,在体育资本运营方面还存在许多不足,缺乏经验,对此,应加强对外交流与合作,借鉴国外先进经验,结合我国具体国情推动体育无形资产经营的良性发展。

第三节　体育产业人才培养

一、体育产业人才类型

体育产业人力资源是推动体育产业持续向前发展的重要资源基础,也是体育产业发展的重要影响因素,当前,从广泛意义上的体育产业发展来说,体育产业人才类型包括体育竞技人才和体育市场人才两大类。

(一)体育竞技人才

体育竞技人才主要是指专业运动员、教练员、竞技体育后备人才。

体育竞技人才在我国体育产业发展中的影响作用主要表现在对体育竞技业发展的影响,我国体育竞技人才数量和质量直接决定了我国竞技体育运动水平、竞技体育赛事水平,对整个体育竞技业和我国体育在国际体育界的形象具有重要影响。

(二)体育市场人才

体育市场人才主要是活跃在体育市场中的人才,从事体育产业经营、管理、运营、推广等方面的工作,此类人才在体育产业市场中把握体育市场方向、促进体育市场主体的良性发展,发挥着重要的作用。

现阶段,我国体育产业进入全面发展时期,体育产业的市场人才匮乏,成为我国体育产业进一步发展的一个重要制约因素。

二、体育产业人才资源配置现状

(一)整体现状

我国人口众多,从理论上讲,体育人力资源应该比较丰富,但实际情况并非如此。一方面,我国大众体育近几年才刚刚开始兴起;另一方面,我国从事专业体育的人数十分有限。

(二)现状原因分析

就我国体育产业发展与体育人才资源情况来看,当前,我国体育人力资源匮乏,与我国体育产业发展对人才的需求存在较大的矛盾。我国体育人力资源稀缺的主要原因如下。

首先,我国大众体育近几年才刚刚兴起,人们的体育观念不强,体育人口的增长十分缓慢。

其次,我国从事专业体育的人数十分有限。虽然国家政策(如《全民健身计划纲要》)一直倾向于鼓励广大人民群众积极参与体育运动,但和发达国家相比,我国体育人力资源还是十分有限的。以社会体育指导员为例,2010年,体育人口的比例约为40%,但单位人口拥有社会体育指导员的数量并不多,社会体育指导员供给不足。

最后,政府部门体育推广经验不足,各自为政,对体育资源的开发不够重视,这是我国体育人力资源稀缺的最主要原因。在我国,很大一部分体育人力资源归各级体育行政部门所有,部分行政部门对体育资源开发利用的认识不够,在一定程度上影响了体育资源的使用和配置,且各个行政部门之间各自为政,使得这一部分行政部门"所属"的体育人力资源不能直接转化为市场力量,对我国体育产业发展形成很大的制约。

三、体育产业人才资源的培养

体育人力资源的培养是促进体育人力资源生成的过程。优秀的团队是体育组织发展的重要前提,例如体育俱乐部的发展需要优秀的教练员和运动员,而教练员和运动员适应体育俱乐部的发展需要一定的时间,这个长时间的不断适应过程就是体育人力资源的培育过程。

(一)体育产业人才培育

1. 分析培育需求

培育需求分析是体育组织制定培育计划与作出决策的前提和基础,是体育组织在进行体育人力资源培育活动之前必须进行的一个重要环节,对体育人力资源的科学培育具有重要作用。

现阶段,在体育市场中,对体育产业的人才需求的分析是由培育的主管人员根据工作特性、标准、要求等对人力资源的知识水平、技能水平、个人特质等进行的科学分析,目的是确定体育人力资源是否需要培育、如何进行培育、培育的重点和目标是什么等内容。

2.制定培育目标和计划

制定培育目标和计划有助于为体育人力资源的培育提供一个正确的方向和实施标准,是体育人力资源培育过程的第二个环节。

培育目标和计划的制定需要建立在对培养需求作出科学分析的基础之上,有了明确的培育目标和计划才能保证培育的顺利开展。培育的目标应明确,且具有可操作性。

3.实施培育内容

在确定了培育目标和计划之后,组织才能合理设计培育内容,并对培育内容实施。

4.评估培育效果

评估可充分了解人才培育中存在的不足,有助于总结经验、吸取教训,为下一次体育人力资源的培育提供参考依据,从而不断地改进体育人力资源培育的质量。具体来说,评估体育人力资源培育效果包括以下内容。

(1)学员反应,评估学员对培育项目的接受和喜爱程度。

(2)学员学习,评价学员在培育中学到什么。

(3)学员行为,考察学员通过评估所发生的行为变化。

(4)学员成果,记录培育过程给体育组织带来的影响。

(二)体育人力资源开发

体育人力资源的开发是指对当前不能够完全利用的潜在体育人力资源和已经能够利用的体育人力资源的未知功能进行深

度挖掘,以提高体育人力资源的可利用程度。

体育人力资源开发是一种有计划、有步骤的人力资源的系统管理行为。

1. 体育人力资源开发内容

(1)体育人力资源的知识开发

在当前知识经济时代背景下,应不断更新体育人力资源的知识结构,拓宽体育人力资源的知识领域。具体到体育领域,则需要将体育人力资源的固有知识、认识等通过特定的手段予以开发,从而使体育人力资源适应现代体育竞赛的需要,为体育组织的发展提供人力资源储备。

(2)体育人力资源的技能开发

通常是将一些能够提高技战术能力和运动员竞技水平的新方法、新技术、新设备和新工艺引用到实际训练和比赛中。

(3)体育人力资源的态度开发

其主要侧重于对体育人力资源的正确训练和比赛态度的培养,使体育人力资源能够将个人价值目标和体育组织目标相结合。

2. 体育人力资源开发方式

(1)正规教育

正规教育主要是有体育组织的脱产和在职培育计划,相关管理顾问或大学等教育组织开展的短期培训课程、在职体育 MBA课程等。

在人才的正规教育中,高校教育是人才培养的基础模式和人才的重要开发方式,为适应社会发展需求,促进体育发展,我国高校不断改革与创新,体育经济与管理专业就是在这种社会环境与教育发展因素的影响下兴起的一门新兴专业,在体育院校中,体育经济与管理专业的人才培养目标是"培养从事体育产业管理的应用型专门人才",综合类高校的体育经济与管理专业的人才培养目标是"为体育系统培养高素质的专业型管理人才以及为体育产业培养精通体育经济与管理的高素质管理人才"[①]。

（2）人力资源测评

体育人力资源测评主要是在收集信息的基础上为体育人力资源提供相关的具体行为、交流类型以及技能等方面的反馈。体育人力资源测评一般被用于衡量体育人力资源的管理潜能以及评价当前管理人员的强弱项、人员的晋升空间等。

（3）在职体验

针对在职的体育人力资源进行在职培训，是一种继续教育的人才培养模式，也是一种非常高效的人才培养模式，其主要是指在训练和比赛中体育人力资源面临的各种关系、任务、需求、难题等。体育组织管理层的决策在很大程度上对体育人力资源在职体验的开发起着决定作用。

（三）重点体育人才的培养

1. 社会体育指导员

现阶段，随着我国全民健身的不断开展实施，以及"健康中国"的建设，大众健身意识不断增强，我国体育健身迎来了发展高峰期，体育健身业成为我国体育产业中的主导产业之一。

体育健身产业的发展有助于提高大众的身心素质、塑造健康生活方式，它提供高质量的健身服务。健身指导员是体育健身市场主体——健身俱乐部发展的核心和灵魂[②]。同时，在大众健身领域，指导社区居民的日常健身。

现阶段，为满足大众健身需求，为大众提供高质量的健身指

---

① 王菲. 体育经济与管理专业人才培养模式探讨——基于校企合作的视角[J]. 体育世界（学术），2018（6）：32+38.

② 孙洪涛，付蕾，陈利. 健身俱乐部服务营销策略研究[J]. 体育文化导刊，2010（12）：47-49.

导,应重视对社会指导员以下素质的培养。

(1)指导技能与经营管理能力。

(2)就业能力与创业能力。

(3)市场意识与志愿服务意识。

(4)专业素养与创新能力[1]。

2. 体育经营管理人才

市场经济条件下,体育产业的发展离不开对体育经营与管理人才的培养,使其在体育产业中切实发挥指导、决策、控制、调控作用。体育经营与管理人才培养具体应做好以下工作。

(1)强化知识结构。体育产业涉及众多学科,强化体育经营管理人才的专业知识结构,不仅要加强经营管理知识的学习,还要强调专业人才的动态管理能力提高、强化人才体育控制能力,同时,掌握法律、数学、人文、饮食、医学等众多方面知识[2]。

(2)培养人才的技术能力。通用技能是体现人才基本能力的根本,此外,还要培养人才信息获取能力、人际交往能力等。

(3)培养决策、组织协调等能力。在体育产业运行过程中,要实现体育产业的顺利健康运营与发展,必须提高经营管理人才的领导艺术、员工协调能力,强化风险预测与管理能力,如此才能更好地明确经营管理目标,制定与落实营销方案。

---

① 周进国. 体育健身产业发展背景下社会体育指导与管理专业人才的培养理念[J]. 韩山师范学院学报,2018(3):73-77.

② 王玥,徐昱枚. 探析体育管理控制人才培养[J]. 体育风尚,2018(7).

第七章　传统体育产业发展

体育产业体系内容丰富,在体育产业的发展过程中,体育用品业、体育服务业、体育彩票业是最先发展起来的体育产业,因此可以认为上述三种体育产业是传统体育产业。在当前国际国内社会各方面发生了许多变化与变革的情况下,体育用品业、体育服务业、体育彩票业也不断发展变化,这里重点对这三个体育产业的发展情况进行详细分析。

第一节　体育用品业

一、体育用品业概述

(一)体育用品业的概念

体育用品业,是生产体育活动中适用的专门物品的企业集合。主要分为体育器材、运动服装、运动鞋制造业等子行业。

体育用品业属于一个跨系统、跨行业的产业系统。根据国家统计局制定的国家标准《国民经济行业分类》,体育用品制造业被列入制造业门类的文教体育用品制造业大类中。

根据经济指标的统计,可将体育用品业分为 5 个小类。具体如下。

(1)球类制造:指各种运动用球生产。

(2)体育器材及配件制造:指各项竞技比赛和训练所用器材及用品,体育场馆设施及器件的生产。包括竞技比赛器材、竞技比赛用品、

·190·

训练器材、体育场馆设施及配件。

(3)训练健身器材制造:各种健身器材及运动物品制造。

(4)运动防护用具制造:为各项运动特制手套、鞋、帽和护具的生产。

(5)其他体育用品制造:钓鱼专用的各种用具及用品,以及上述未列明的体育用品制造等。

(二)体育用品的分类

体育用品是指体育活动中适用的各种专门物品的总称。它主要用于人们的体育活动,为体育运动服务。

目前,我国对体育用品尚无确切分类,主要是结合各体育用品应用于体育运动的角度进行分类,这种分类重视体育用品的效用(表7-1)。

国际上,欧洲国家对体育用品的分类比较简单、清晰、明确,是各国体育用品业研究的主要参考,见表7-2。

表7-1　我国体育用品简要分类

分类依据	内容
体育运动项目	田径运动用品、体操运动用品、球类运动用品和武术运动用品等
是否用于竞赛	竞技体育运动用品、非竞技体育运动用品
使用功能	体育器材设备、运动服装和辅助用品(如运动饮料、运动营养品、体育奖品等)

表7-2　欧洲国家体育用品分类

分类	产品名称
运动服装	田径服、户外运动服、防水服、足球运动服装、游泳服、冲浪及滑雪服装、有氧运动、健身运动、球拍运动、雪上运动及其他运动服装
运动鞋	跑鞋、户外运动鞋、足球鞋、有氧运动、健身运动、球拍运动、高尔夫、雪上运动及其他运动鞋
体育器材	高尔夫、有氧运动、健身运动、球拍运动、球类运动、滑冰运动、集体项目运动、户外运动、乒乓球、水上运动、冰雪运动、球杆运动、飞镖、野营运动及钓鱼设备与用具

二、体育用品业的发展历程与现状

(一)体育用品业的发展历程

我国体育用品业的发展经历了三个阶段,简要分析如下。

1. 萌芽阶段(20世纪20年代初至新中国成立前)

由于国势衰危,这一时期,我国民族工业基础相当薄弱,因此不论是体育用品生产企业生产的数量、质量还是生产技术、制作工艺等方面都处于极其落后的局面,其发展处于低级阶段和萌芽阶段,根本不具备丝毫的国际竞争力。

2. 缓慢发展阶段(新中国成立后至改革开放前)

这一时期我国的体育用品生产是在封闭状态下进行的,其生产技术、制作工艺等方面都远远落后于西方国家,中国的体育用品业这一时期在摸索中求生存、求发展。

3. 激烈竞争阶段(改革开放至今)

随着改革开放进程的加快以及市场经济制度的确立,我国的各项事业都迎来了发展的春天,体育用品业也是如此。这一时期,各个体育用品生产企业纷纷引进国外先进设备和生产理念,其体育用品的生产方式和经营管理模式都发生了重大改变,国外知名品牌企业纷纷登陆中国,开办工厂,投入生产。

20世纪90年代以后,我国涌现出一大批优秀体育用品生产企业,如李宁、安踏、特步等,与NIKE、Adidas等知名品牌企业展开了激烈的竞争。

进入21世纪以后,我国体育用品业发展迅速,我国体育用品企业通过科技创新,不断改进生产、设计技术,同时积极赞助国际赛事,我国体育用品业在世界体育用品业中具有了一定的市场竞争力。

(二)体育用品业的发展现状

这里重点对当前我国体育用品业在发展中遇到的问题分析如下。

1. 产品开发不充分

受传统制造业的影响,我国体育用品业发展主要依靠低价劳动力在国际体育市场中获得竞争优势,在这样的发展形势下,我国的体育用品业主要是劳动密集型产业,发展多是"两头"在外的来料加工,将关注的重点放在了生产上,而忽略了销售,同时,也缺乏一定的开拓国内市场的意识。

相较国外一些发达国家,我国的产品还处于初级发展阶段,我国体育用品企业在国内市场的开发方面还存在着一定的不足之处,需要进一步改进。在产品开发方面存在以下突出问题。

(1)企业的产品结构和营销模式趋同,市场细分化程度低。

(2)产品的品种、规格、档次等区分度不够高,对消费者多样化的心理需求关照不够。

(3)忽略农村体育用品市场和大中小学体育用品市场的开发。

2. 市场集中程度低

我国区域间经济、文化、体育、科技等发展不平衡,受此影响,当前我国体育用品生产企业往往分布在大城市、东南沿海省份,就企业数量而言中国是世界之最,但是,企业数量与全行业的规模大小之间的关系并不是成正比的,企业的质量和效益良莠不齐。

就全国范围来看,我国的体育用品业存在着规模小,产品质量差,市场集中度偏低等方面的不足之处。

3. 与体育服务市场关联小

市场经济条件下,各类体育服务市场作为重要的纽带,将体育用品生产、销售与运动实践有机联系在一起,因此,体育用品市场是为体育运动实践提供装备的专业市场。

调查发现,国外知名的体育用品企业设计和研发产品往往具有体育场地、体育组织和体育活动三个方面的要素,但目前,从发展形势来看,我国体育用品业开展产品推广和营销活动的意识和能力还比较弱。

4. 行业管理不健全

由于体育用品市场是一个竞争性市场,因此,要想使其管理进一步规范,就需要充分发挥出行业协会的作用。尽管我国体育用品联合会加入世界体育用品联合会已经有十几年的时间了,但是,我国并没有在制定行业发展规划、拟订行规行约、提供行业发展信息、协调企业间的关系以及开展国内和国际交流与合作方面发挥应有的行业管理职能,实施有效的行业监管。

近年来,行业管理不健全、不规范,体育行业法规和制度缺乏的问题在我国体育用品产业的发展中日益凸显,导致我国体育用品业发展中地方保护、假冒伪劣产品、侵害知名企业的知识产权、出口产品竞相压价等一系列不正当竞争行为多发,严重制约了我国体育用品业的进一步发展。

5. 缺乏体育产业人才

当前,在我国体育用品企业由劳动密集型企业向生产和创立自己品牌的类型转变的过程中,人才问题严重制约甚至阻碍着我国体育用品业的发展。我国体育产业部门缺乏高素质的体育人才,具体表现在如下。

(1)缺乏高素质的企业家。

(2)缺乏高素质的体育营销人才。

(3)缺乏专业化的产品设计和研发人才。

人才发展是体育产业发展的基础,无论是体育用品业,还是其他体育产业,都应该重视对专业、高素质人才的培养。

三、我国体育用品产业发展对策

(一)规范入市制度

当前我国体育用品行业中,中小企业多,大企业少,大量的中小企业基本都是通过生产大量的低廉、低质等无牌产品,以薄利多销的方式来获取利润,使得体育用品竞争市场秩序出现混乱,因此基于这种状况,政府有关部门就必须规范体育用品产业的进入管制制度,通过实施各项标准认证工作来提高进入门槛,淘汰一些落后的中小企业,优化企业结构,促进产品档次、质量的提升。

(二)发展规模优势

实践证实,巨型企业的建立和发展有利于本国整体体育产业形象的塑造,对整个国家的体育用品业乃至体育产业的发展都有重要的意义。由此可见,积极发展巨型企业有利于推动体育用品产业的结构优化,有利于形成产业集群,促进体育用品业的发展。

就我国体育用品企业来说,可以从以下两方面扩大企业规模,以实现规模效益。

(1)改造中小体育用品企业,使企业转型为现代企业,并通过兼并、重组等来扩大自身的规模。

(2)积极引导国内较大规模的企业,实行走出去,引进来战略,借助全球资源丰富的优势吸收国外的高端知识并进行战略转移,以反馈给国内,提高我国体育用品业的发展水平。

(3)推进产业集群纵深发展,通过资本纽带的联系作用为企业跨越式发展谋取各项资源。首先,以产业集群承接国际高端体育用品产业的转移。其次,采用产业集群跨越式发展的方式发展体育用品业。如实现体育用品业向中西部地区的转移。最后,建立体育用品科技园区或产业基地,为产业结构升级和产业转移创造更好的空间和条件,以实现企业长远发展。

(三)产品多样化

当前,市场经济已经从卖方市场发展转变为买方市场,消费者在体育用品市场中处于主动地位,要求企业为之提供能够使其个性化需求得到满足的商品,要求企业在设计与生产产品时,以消费者的意愿为依据。

多样化的体育产品可满足不同消费者的需求,可提高企业在体育用品业中的市场占比。产品多样化应做到以下几点。

1. 品牌差异化

品牌差异化指的是通过自己的产品设计和品牌名称注册,以达到提高产品识别度,吸引顾客,树立企业形象,抢占市场占有率的效果。

当前,我国体育用品市场中各类主体产品趋同化现象严重,众多体育品牌的形象雷同,有些企业鼓吹产品的功能,盲目宣传企业的品牌形象,致使企业理念和品牌形象不相符,这是缺乏品牌战略规划的表现,不利于企业的长期发展,这些都表明我国体育用品企业的品牌还处于一个比较低的发展阶段,进行企业的品牌化建设,才可以更好地将众多体育用品品牌区别开来。

大量趋同化产品在市场份额较高的体育用品企业间比较常见,而对于那些众多的市场份额不多,销售额不高的体育用品企业,品牌形象的树立正处于起始阶段。品牌差异不明显,直接导致了消费者在产品选择上的随意性,消费者无法通过品牌判断产品,就只能选择知名度较高的产品。对我国青少年购买运动鞋的调查结果(图 7-1)充分反映了这一点。

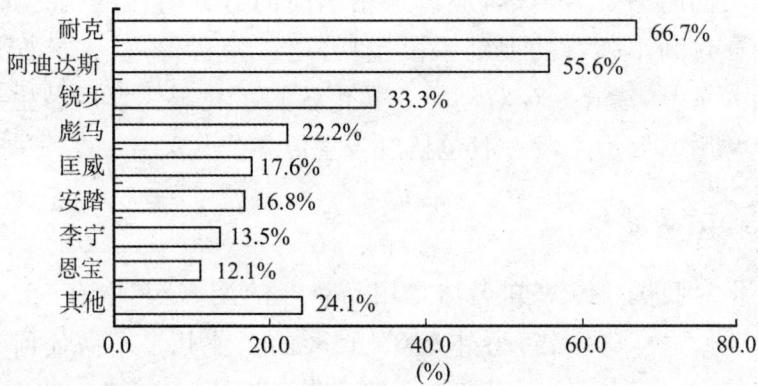

图 7-1

2. 价格差异化

价格差异是目前我国体育用品企业最常用的产品差异化的手段。体育用品企业通过不同的产品定价来扩大体育用品之间的差异。它不仅反映的是相同产品质量的差异,而且还反映出企业与企业之间的区别,也就是企业间的强烈竞争。

通常来说,企业的产品分别位于不同的价格区间,对应不同的消费人群。但只有像李宁、安踏、特步等那些知名企业才存在价格差异,高价格的体育产品除了反映出产品的质量和科技含量外,还反映出消费者对品牌的忠诚程度(表 7-3)。

表 7-3　我国部分体育用品企业运动鞋价格对比

企业	单位售价(元)	品牌忠诚度(品牌差异化)%
李宁	100～600	53.4
安踏	50～350	15.1
康威	90～300	9.3
双星	20～300	13.4
格威特	70～300	5.1

(四)优化销售策略

产品营销策略的制定要求决策者应充分了解消费者的心理,

针对不同的消费者群体,应该采用不同的有针对性的销售策略。企业通过利用独特的促销手段包括广告、销售促进、人员推销和公共关系等,建立顾客对产品差异化认知。我国体育用品生产企业中常用的促销手段一般包括广告宣传和公共关系。

1. 广告宣传

据对我国 146 家知名体育用品企业的调查,其中有 69.86% 的企业做过广告宣传,另外有 30.14% 的企业几乎不做任何形式的宣传,可见我国体育用品企业的广告意识淡薄。

2. 公共关系手段

以公共关系作为促销手段的企业多是一些在市场中具有高市场份额和高销售额的体育用品企业,比如李宁多是选择赞助体育赛事或者赞助国字号队伍来树立自己良好的企业形象;而双星则通过资助希望工程来进行品牌宣传。通过这些活动,企业可以与大众建立良好的社会关系,最终得利的还是体育用品企业,但是这种促销手段只存在于那些发展较好,具有较高市场占有率的企业,对大多数体育用品企业来说,这种促销售手段并不是完全切实可行的。

目前,在我国体育用品企业中,公共关系手段并不多见,这是因为我国的体育用品业多是中小企业,企业关系网单一。

(五)合理布局销售结构

针对城乡地区的发展差异,通过市场调查,摸清市场需求的状态,推出适销对路的产品。并且销售结构并不是一成不变的,要根据当地的实际情况以及体育用品产业的发展而不断调整其销售结构,以适应新形势的需要。

(六)科学选择经营场所

一般地,商家在选择体育相关的场地时,往往会比较青睐城市繁华地带的商业圈或者居民居住比较集中的社区,因为这样能够充分利用优越的商业氛围和便利的购物条件,能够更好地吸引消费者。

在体育用品市场营销中,应对与体育相关的经营口岸加以选择。具体来说,就是在选择体育用品的经营口岸时,应该在经常开展体育活动和体育活动人群比较集中的体育活动圈内设立经营场所,与体育相关的经营场所主要有体育场、体育馆、体育院校等。

(七)加强自主创新

现阶段,我国大部分体育用品产业发展的最大缺陷就是研发力量的薄弱,它对一家企业甚至是一个行业来说都是一种硬伤。缺乏科技创新、研发能力的缺失也导致了我国体育消费市场上大多数体育消费产品的雷同,不利于体育产业的发展。

加强我国体育产业创新,应结合不同主体做好以下创新工作。

1. 政策创新

对于我国政府而言,应加大对我国体育用品产业的政策体系的创新,主要包括以下几个方面。

首先,政府应大力加强知识产权保护。在社会上积极宣传知识产权保护的重要性,形成知识产权保护的良好氛围,制定相关知识产权保护法规政策,执法部门加强对侵犯知识产权行为的惩处、惩治。

其次,政府应制定一些有利于技术创新的财税金融政策,鼓励创新,对于企业创新给予一定的专项资金补贴或税费减免。

最后,加快技术创新服务体系的建设。包括基础设施服务支撑系统和中介服务支撑系统的创新。

2. 企业创新

提高企业的创新能力,一是要引导企业成为创新主体,并加强体育创新人才的培养,鼓励企业通过技术创新发展自主知识产权,从而获得利润。二是走技术引入和外取路线。学习和借鉴国外企业先进技术的同时,积极变被动为主动,以设立海外研发中心的方式来进行新技术的研发和创新。三是以龙头企业创新为突破口,在企业实际操作中可自我组建研发中心或者收购研发机构,寻求创新新思路。四是规模实力弱小的中小企业可以联合进行开发创新。

3. 产业创新

从我国体育产业的宏观发展来看,加强自主创新,可以产业集群为突破点,重点做好以下工作。

第一,积极形成并倡导产业集群的创新文化。

第二,发挥集群内基于信任基础的关系网络的作用,提高企业集群创新绩效。

第三,利用集群内企业地域相邻的特点,联合创新,实现优势互补,从而降低创新成本及风险。

(八)重视品牌建设

重视企业品牌的建设,可以提高企业产品的市场认可度,创造品牌优势,促进企业的发展。具体可从以下几方面入手。

(1)鼓励企业由生产经营向品牌运营的转变,转变思路,另辟捷径。

(2)鼓励企业生产具有国际先进水准的高端产品,树立自己的企业品牌形象。

(3)实行"走出去"战略,在欧美等发达国家建立销售网点,充分利用国外的资源优势。

(4)通过承办国际具有较大影响力的赛事来提升品牌的影响力,占领市场。

(5)运用资本运作管理手段,对国际知名品牌实行战略投资或者并购。

（九）扩大产品出口

在经济全球化发展背景下，我国体育产业的发展不应该仅局限于国内市场，应放眼国际市场，利用国家的良好政策（如"一带一路"），建立对外出口的良好运行机制，扩大产品出口。

需要注意的是，对外贸易中，要根据国际市场需求结构的变化，提供适销对路的体育产品，也要建立国际贸易摩擦的预警机制，对国际贸易摩擦采取积极的应对方案和举措。

第二节 体育服务业

一、体育服务业概述

（一）体育服务业的概念

在我国产业结构中，体育业，并不直接生产物质产品，主要是提供劳务或服务，因此其属于第三产业。

体育服务业是体育产业的重要组成部分，它是以体育产业自身的价值和本质功能为资源，以提供体育服务产品为主的各类服务部门的集合①。体育服务业提供的产品就是各种体育服务。体育服务业有着非常丰富的内容，主要由健身休闲体育服务业、竞技表演体育服务业、职业体育服务业、社会体育服务业、公共体育场馆服务业、体育经纪服务业、体育广告服务业、体育培训服务业、体育旅游服务业等构成。

体育产业是一种新兴的产业形态，它是市场经济条件下体育

---

① 宋永平.我国体育服务业的现状与发展政策[J].体育与科学,2004,25(6)：50-52.

活动组织专业化、参与消费化、运作营利化孕育的结果。对体育产业来说,其内核是体育活动,这种体育活动是按照市场机制来运作的,其外在表现则是体育商品的大量涌现、体育商品生产和经营企业在数量与规模上的不断扩张。运动服装、鞋帽、器材、食品、饮料等实物型体育商品,它们为体育服务业的存在和发展提供了必要的物质条件,体育物质产品的生产和经营活动是作为体育服务业的配套而存在的,是依附于或依赖于体育服务业的存在而存在的,因此说,体育服务业是体育产业的主体。

在整个体育行业中,体育服务业与体育产业的多个领域相联系,又可以吸引众多部门的参与。同时,体育服务业还与其他行业(如交通、餐饮、医药等)保持着十分密切的联系。可以说,体育服务业涉及面广,产业发展和经济带动性强。

(二)体育服务业的产品

1. 体育服务业的产品是体育服务

体育产业属于第三产业,体育服务业是体育产业的主体,因此体育服务业的主要产品是体育服务。

所谓体育服务,具体是指由体育劳动者(主要是教练员、运动员、健身指导员、教师、管理人员等)创造的,向社会、个人提供用以满足改善和提高人的素质需要的非实物形态的劳动成果[①]。体育竞赛表演、体育健身指导与咨询、体育康复与保健,以及体育场地服务等等都是体育服务的内容。

体育服务之所以是体育服务业的产品,其原因如下。

首先,体育服务的劳动过程是客观存在的,在体育消费者享受体育服务的过程中,消耗了体育从业者的体力、脑力和一定的劳动资料(体育场地设施、体育用品等);它区别于人脑的思维活动,是不以人们的意志为转移的。

---

① 曹可强.体育产业概论[M].上海:复旦大学出版社,2004.

其次,体育服务的消费过程是客观存在的。消费者通过体验进行消费。

最后,体育服务消费的结果是客观存在的。通过体育服务的消费,消费者的健身技能得到改善、身心得到放松。

2. 体育服务产品的商品属性

在分析体育服务产品属性前,先了解商品的三大属性,商品具有使用价值、包含一定的劳动力,并具有交换价值。具体来说,首先,商品能够满足人们的某种需要,这是商品的使用价值;其次商品必须具有价值,即凝结了一定数量的人类劳动;最后,生产者生产商品是为了让渡使用价值来获得价值,这只有通过交换才能得以实现。

结合商品的三大属性来看,体育服务也是商品,其商品属性具体分析如下。

(1)体育服务产品的使用价值

体育服务产品的使用价值表现在多个方面,如健身、健心、娱乐、休闲、文化和精神培养等。体育消费者在享受体育服务的过程中,通过消费体验,能够愉悦身心;体育消费者在各种体育活动过程中锻炼身体,增强体质,促进身体健康。体育服务产品的多元功能能够充分满足体育消费者的体育健身需求和精神需求,改善和提高人的素质,还能促进大众体育素养和民族精神的提高。

(2)体育服务产品所包含的劳动力

体育服务产品包含了劳动者的劳动力,具体表现在整个体育服务的提供过程,需要消耗服务生产者(或称提供者)一定的脑力和体力。随着现代科学技术的进步,在现在的体育服务中有越来越多的科学元素渗入,而体育服务产品的非实物性,更使得劳动和技术凝结融合在一起,这种智力和劳力的消耗是同时进行的。

(3)体育服务产品具有交换价值

作为社会总劳动的一种,体育劳动提供体育服务产品,但体育劳动者不能仅仅靠自己的产品满足自己多方面的需要,而必须依靠其他劳动者提供产品来满足自身的需要。因此,体育劳动者必须将自己的劳动转化为社会劳动,而体育劳动必须通过交换,得到社会承认,才能转化为社会劳动。

二、我国体育服务业发展特点与态势

体育服务业作为当前我国体育产业的主导产业,近年来发展迅速,不断完善,我国各种体育服务业市场逐渐发展成熟,现阶段,我国体育服务业初步形成了以健身休闲体育服务业为主,竞技表演体育服务业、体育培训服务业、体育中介服务业等产业门类为辅,多业并举,经营项目比较齐备完整的产业体系。

对我国体育服务业近年来的发展特点与态势具体分析如下。

(一)健身休闲体育服务业的发展

我国改革开放以来,社会经济水平得到了极大的提高,人们的消费观念也发生了很大的转变,随着人们对健康的重视和对健康生活质量的要求,体育健身娱乐进入大众视野,并在全国范围内蓬勃开展起来。

20 世纪 80 年代,健身休闲体育服务场所首次在我国深圳出现,经过了 20 世纪 80 年代到 20 世纪 90 年代初的缓慢发展阶段和 20 世纪 90 年代中后期的快速发展阶段,已初步形成了多种所有制投资主体并存,高、中、低档健身休闲服务产品俱全的市场格局。

进入 21 世纪以来,健身休闲体育服务业的规模与产值不断扩大,健身休闲体育服务市场已经成长为我国体育服务市场体系中的主体市场,并处于自由竞争的发展阶段。

近年来,随着我国社会经济的不断发展,人民群众的体育健身和休闲娱乐需求日益增长,人们对体育健身场地、体育技能指导、健身知识普及等的需求越来越大。

当前,我国体育健身休闲服务业的发展呈现出如下趋势与特点。

(1)消费主体多元。体育健身娱乐的消费主体是各年龄段居民,能满足大众的健身、健美、康复、娱乐等多元体育需求,因此,具有良好的市场发展空间。

(2)投资主体多元。健身休闲体育服务业的投资主体(政府、社会团体、社会大众)多元趋势已经形成。一些具有一定实力和社会影响的民营健身体育服务经营单位的发展壮大,成为我国民营类健身休闲体育服务业的中坚力量,是当前我国健身休闲体育服务业蓬勃发展的一大体现。

(3)服务产品层次多元。在大众多元体育服务需求下,我国健身休闲体育服务业的项目主要有球类、武术、游泳、棋牌等一大批大众普及型健身休闲体育项目,还包括高尔夫球、航海、航空、赛车等高档的健身休闲体育项目,也有滑轮、滑板、攀岩、冲浪、帆船等新兴的极限运动和时尚运动。各种不同类别、层次的体育服务产品可满足体育消费者的多元化体育健身、娱乐、消费需求。

此外,我国体育服务产品的供给能力得到明显增强,内容、价格趋向大众化、普及化、多样化和国际化等,都是新时期我国健身休闲体育服务业发展的重要特点和趋势。

(二)竞技表演体育服务业的发展

当前,竞技体育发展是当前世界体育发展的主题,一方面,体育竞赛表演业在世界范围内备受关注,具有广泛的群众基础;另一方面,我国长期以来都非常重视竞技体育的发展,体育竞赛表演能为城市、地区、国家带来巨大的经济收益,还能促进社会稳定和精神文明建设。竞技表演体育服务业在我国受到关注和重视不足为奇。

现阶段,我国已经形成了由职业联赛、商业性比赛、综合性比赛和各项目单项竞赛组成的竞技表演体育服务业的市场格局。

在发展程度上,呈现出以下特点。

(1)职业联赛初见规模,如足球、篮球、排球、乒乓球四大职业联赛成为我国竞技表演体育服务业运作的主角,各俱乐部商业性比赛数量逐年增加,发展空间日趋加大。

(2)国际赛事纷纷入驻我国体育竞赛市场。随着我国体育事业的不断发展和综合国力的不断提高,一些具有广泛影响力的国际性的顶尖赛事也纷纷在我国举行,如 2008 年夏季奥运会、F1 汽车大奖赛、ATP 网球大师杯赛,以及将要举办的 2022 冬季奥运会等,极大地促进了我国竞技表演体育服务业的快速发展。

(3)在国内国际赛事竞相举办的背景下,我国竞技赛事业的发展积累了不少经验,目前已经初步建立了良性运行机制,赛事运作管理市场开发的各种手段已被广泛运用。满足了国内民众观赏高水平比赛的需要。

(4)体育竞赛引导下的体育表演业也悄然兴起并迅速发展起来。在我国当前良好的体育环境下,我国体育赛事的观赏性消费群体也在不断扩大,职业联赛逐步形成了特定观众群体,现场观众人数不断增加,在我国体育产业经济中表现出强大的增收实力。

在整个体育产业组织中,体育健身娱乐业和体育竞赛表演业处于中间产业环境,能形成良好的前向关联和后向关联效应,当前,优先发展体育健身娱乐业与体育竞赛表演业,不仅可以刺激消费,还能带动其他产业部门(如体育信息传播业、体育服务业、体育用品制造业、体育培训业等)的发展。这也是当前将竞技表演体育服务业作为我国体育产业发展的主导产业的一个重要原因之一。

(三)体育经纪服务业的发展

体育经纪服务业,具体是指负责开展运动员经纪代理、体育赛事推广、投资咨询服务。

当前,在全世界范围内,随着体育的商业化和职业化发展,体育经纪服务业应运而生,有很多知名的球队和明星运动员都有自己的体育经纪人,职业体育俱乐部通过商业运作来不断提高球队和运动员的职业水平和商业价值。

在我国,受体育运动项目职业化进程不断加快以及商业性赛事逐步活跃的影响,我国商业性体育运动赛事逐渐增多,运动员转会和个人商业活动越来越频繁,对体育经纪公司的需求日益迫切,一些专业的体育经纪公司开始陆续出现,我国体育经纪市场逐渐形成,体育经纪业初步发展。

现阶段,体育经纪服务业作为一个新兴行业,在我国体育产业的发展中正在发挥越来越重要的作用,已经成为我国体育服务业新的增长点之一。

(四)体育培训服务业的发展

我国体育培训服务业的兴起与快速发展有其必然性。一方面,随着我国体育经纪服务业的发展,全国和地方性的体育经纪人培训和资格认定工作广泛展开,专门针对体育专业人才进行培训的体育培训服务业迅速发展起来;另一方面,随着社会经济发展、生活水平提高以及全民健身计划的实施与推广,人们的体育意识普遍增强,大众体育健身发展迅速,针对大众体育健身的体育培训业获得了较快发展。

这里重点以大众体育健身发展下的针对普通大众的体育健身培训服务业的发展进行简要解析。当前,我国全民健身计划不断实施,"健康中国"战略逐步贯彻落实,我国大众体育健身需求日益增长,体育健身锻炼在人民群众的日常生活中发挥着越来越重要的作用,占据了越来越重要的地位。而大众健身由于缺乏必要的体育知识、技术,就必然需要专业的体育健身指导人员进行指导,因此,社会上开始开办各种体育项目的培训班、训练班、辅导班等,体育培训服务空前活跃。

目前,我国全国范围内,尤其是大中城市,以有偿培训为特征的体育培训服务业已逐渐成为推动体育服务业发展的重要手段,体育健身培训市场需求巨大。

三、我国体育服务业发展对策

(一)做好产业发展规划

宏观角度来说,要促进体育服务业的发展,就必须加强理论研究,做好体育服务业发展的整体发展规划,用科学理论来指导产业发展实际。

就我国当前的体育产业发展来看,虽然我国服务业具有良好的发展前景,服务市场广阔,但是我国体育服务业的理论研究要落后于服务业的发展,并且,我国服务业发展迅速且并无现有的经验可以学习,因此,我国服务业的快速发展过程中难免会出现各种各样的问题。这就更加说明了加强体育产业理论研究的重要性。

当下加强我国体育服务业的理论研究,应重点做好以下工作。

(1)政府及各部门转变观念,对新阶段我国体育服务业的发展重新认识。通过理论研究,明确体育服务业在国民经济和社会发展总体战略中的位置,明确政府在体育服务业发展过程中的作用及职责,加强对体育服务业的行业管理、宏观指导及调控力度,要把体育服务业作为国民经济新的增长点来培育。

(2)在认识和肯定我国体育服务业的重要作用和地位的基础上,制定科学的发展战略和发展规划,从宏观上协调、引导并指导我国体育服务业的规划、布局、发展规模及发展速度。

(3)对体育服务产业整体发展规划的制定要与各省、市、自治区、直辖市的城市发展建设规划、各地体育场馆建设、社区文化建设及新建居民小区的配套建设同步进行。

(4)体育服务业的发展要从人们的切身利益出发,力求满足人们的需求。

(二)加强政策支持

大力发展体育服务业,需要政府的政策支持,通过颁布各种相关政策,如财政、金融及税收等方面的政策支持体育服务业的发展。

具体来说,可以通过对以下几种不同政策的制定与颁布来规范和引导我国体育服务产业的发展。

(1)宏观经济政策方面,要制定体育服务业结构政策,调整体育服务业资本结构,使市场在各类体育资源配置中发挥基础性作用,提高非国有部分在体育服务业中的比重,制定一系列鼓励和扶持各类民营类体育服务业发展的政策措施,扩大增量,调整存量,优化整个体育服务业的资本结构,增强体育服务业市场推动力。

(2)财政政策方面,有关部门要尽快制定有利于体育服务业加速发展的财政政策,加大对体育服务业的投入,调整财政投入结构和投入方式,适当增加用于扶持体育服务业发展的政策性专项投入。

(3)税收政策方面,通过制定差别税率和减免税政策促进体育服务业快速发展,调控体育服务业总量和结构,给予体育服务业各行业商业运作方面的税收发展引导,确保各方面的科学有序发展。

(4)金融政策方面,制定有利于体育服务业加速发展的投融资政策,鼓励各种社会资金投入体育服务业的政策,确保创新项目的低息或贴息贷款,为促进我国体育服务业的科技创新提供必要的政策支持。

(5)促进体育消费的相关政策。当前,我国社会经济发生了极大的变化,社会物质财富日益丰富,人们生活水平不断提高。体育消费需求日益增长,对此,要促进体育产业的发展,就应制定有利于刺激居民体育消费的政策,鼓励社会大众进行体育消费,为体育产业发展拓展市场空间。

(三)完善市场体系

市场是体育服务产业发展的重要基础,如果没有体育消费市场,则体育服务业就没有存在的必要性,因此,现阶段要促进体育服务业的持续发展,就必须要不断扩大、完善体育服务消费市场,建立完善的市场体系。重点应从以下几方面着手进行。

(1)明确体育市场的经营主体,政府加强宏观调控,但不能对市场干涉过多,要允许体育资源在市场上的合理流通,并保护体育服务行业经营管理主体的合法权益,鼓励创新行为。

(2)培育体育市场的消费主体,利用国家推行全民健身计划的契机,积极提倡和鼓励居民从事体育消费,大力宣传体育健身,逐步引导我国居民的体育消费行为并使之合理化。引导居民从事各种类型的体育消费活动,逐步建立我国体育服务市场的较固定的消费群体。

(3)借鉴国外体育经纪服务的经验,规范我国的体育经纪服务活动,最大限度地发挥体育中介服务机构与组织在规范我国体育服务市场运作、促进体育服务业发展进程中的积极作用。

(4)加强体育服务业法制建设,健全经营管理制度和法律法规,加强对体育服务市场的监督和管理。

(四)培养人才

体育服务业的发展离不开专业人才的培养与发展,我国服务业的人才培养应关注以下几类人才的发展。

(1)重视运作管理人才的培养,这是进一步培育和拓展我国体育服务市场、不断满足体育消费者的消费需求的重要前提。具体应从我国体育服务市场的实际出发,通过组织并鼓励体育服务业经营单位的有关人员岗位培训、在职进修来培养体育服务运作管理人才。

(2)专业人才。在体育服务业,体育消费者所享受的体育服务往往具有专业性,因此,应结合体育运动项目,加强对各类体育运动技术指导员、安全管理员、体育导游等专业人才的培养。

（3）其他服务人员。在体育服务业,除了专业的经营管理者、专业技术指导人才,还要重视对从业人员的服务意识、服务能力、服务质量的培训,以使体育消费者能获得良好的体育消费体验。

第三节　体育彩票业

一、体育彩票业概述

(一)体育彩票的概念

2002 年,财政部印发的《彩票发行与销售管理暂行规定》对彩票进行了全新的定义,即彩票是指国家为支持社会公益事业而特许专门机构垄断发行,供选择和自愿购买,并按特定规则取得中奖权利的有价凭证[①]。

2009 年 7 月 1 日起施行的《彩票管理条例》第二条对彩票进行了全新的定义,体育彩票是"国家为筹集社会公益资金,促进社会公益事业发展而特许发行、依法销售,自然人自愿购买,并按照特定规则获得中奖机会的凭证。"[②]这是目前我国关于体育彩票的概念最为权威的界定。

从市场经济角度来说,体育彩票是一种商品,具有特殊价值,能够有效满足消费者的特殊需要。

(二)体育彩票的性质

1. 补偿性

体育彩票是政府补充财政收入的一种工具,其补偿性主要表

---

① 夏正清. 体育产业经营管理[M]. 西安:西安地图出版社,2011.
② 彭道海. 体育彩票销售企业的 SWOT 分析[J]. 武汉体育学院学报,2010,44(1): 35-40.

现在对政府财政的补充。

在我国,体育彩票由政府发行,通过彩票获得的经济收入用于解决体育事业投入不足的问题,对体育部门来说,这是一项特殊的补偿性财政政策。因此,发行体育彩票是一种国民收入的再分配行为,具体来说,就是其从国民收入的第二次分配中取得一部分资金,用来确保社会公益事业的发展。

2. 娱乐性

体育彩票的娱乐性表现在其为大众提供了一种文化娱乐的方式。人们购买体育彩票,多数是希望能赢取奖金改善生活,如果没有中奖也能为社会公益事业提供帮助。体育彩票的出现,在一定程度上有效减少了社会上的赌博行为。

3. 公益性

我国相关法律法规明确规定,体育彩票资金由奖金、发行费用和公益金三部分组成,其中奖金的比例不低于50%,公益金的比例不低于35%,发行费用的比例不高于15%。体育彩票售出,获得的体育收入主要用于社会公益事业。

现阶段,我国体育彩票的公益金主要用于推动全民健身计划和奥运争光计划的实施,各省、市、自治区体育局设立专门账户来对公益金进行统一的管理,任何部门不得随意挪用,需定期向社会公布公益金的使用情况,并接受社会监督。

4. 计划性

体育彩票的计划性表现在,政府通过制定规章制度,实行严格的财务监管等方式对体育彩票的发行全过程实行严格的控制。

5. 市场性

体育彩票的发行行为是一种市场行为,其玩法设计、营销方式、技术手段等都必须是以适应市场需求为前提的,这就是所谓的市场性。

体育彩票的计划性与市场性在体育彩票的发行中是对立统一的，具体来说，没有计划，体育彩票的发展方向就不明确，没有市场，体育彩票的生命力就不存在。因此，应注意彩票发行的计划性与市场性的有机结合。

(三)体育彩票的类型

随着世界范围内体育彩票发行日渐成熟与完善，各种类型的彩票不断被推出发行(表 7-4)，不同类型的体育彩票具有以下基本特征。

(1)发行主体为体育管理部门。

(2)发行所取得的资金用于体育事业。

(3)竞猜对象或中奖以比赛结果为依据。

表 7-4　体育市场中常见的体育彩票类型

彩票类型	发行方法
传统型彩票 (Draw Lottery)	发行部门事先将彩票中奖形式、奖金等级、中奖金额公之于众，彩民根据彩票票面号码与中奖号码相符程度判断是否中奖及中奖等级
即开型彩票 (Scratch Lottery)	购买彩票时刮开票面覆盖物后，看到事先印制好的号码即可知道是否中奖
数字型彩票 (Number Lottery)	任选某一个三至五位数(或组合)，如果所投注的号码与开奖号码相同则为中奖
乐透型彩票 (Lotto Lottery)	"N 选 M"，从 1~N 数中随机选取 M 个号码作基本号码，再从 N~M 中或者另一组号码中选择一个号码作为特殊号码，中奖级别根据投注者所投注的号码数与开奖号码的相符程度而定
竞猜型彩票 (Toto Lottery)	以体育比赛结果作为中奖依据

二、我国体育彩票发行与体育彩票业发展

(一)体育彩票的发行

现阶段,我国体育彩票和福利彩票由国家统一发行,我国体育彩票管理中心是隶属于体育总局的事业单位,其有行政、企业与事业三位一体的特征(图 7-2)[1]。

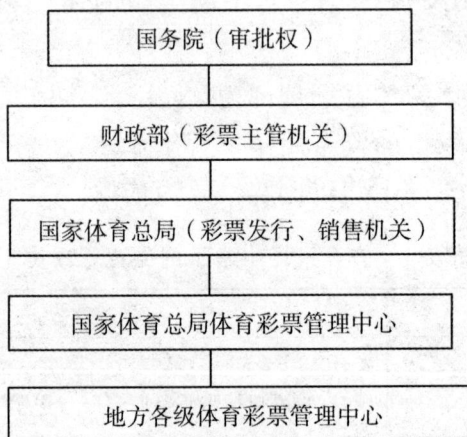

```
┌─────────────────────────────────┐
│        国务院（审批权）          │
└─────────────────────────────────┘
                 │
┌─────────────────────────────────┐
│      财政部（彩票主管机关）      │
└─────────────────────────────────┘
                 │
┌─────────────────────────────────┐
│ 国家体育总局（彩票发行、销售机关）│
└─────────────────────────────────┘
                 │
┌─────────────────────────────────┐
│   国家体育总局体育彩票管理中心   │
└─────────────────────────────────┘
                 │
┌─────────────────────────────────┐
│   地方各级体育彩票管理中心       │
└─────────────────────────────────┘
```

图 7-2

关于彩票发行办法,我国曾设立彩票发行点和网络发行,2015 年 1 月,财政部、民政部、国家体育总局联合下发《关于展开私行使用互联网出售彩票行动自查自纠作业有关疑问的告诉》,在该文件要求下,各级单位自查自纠网上销售彩票行为,意味着我国互联网彩票销售的终止。

(二)体育彩票业的发展

这里重点对当前我国体育彩票业发展中存在的问题进行解析。

---

① 朱小龙. 我国体育彩票业政府规制改革思路[J]. 武汉体育学院学报,2012,46(12):34-38.

1. 发行成本高

从当前的形势来看,相较于国外的一些国家,我国体育彩票的发行经营成本相对较高。相较于福利彩票,在品种上,体育彩票与其相差无异,二者竞争激烈。

2. 彩票种类较少

当前,世界上的体育彩票种类较多,而我国体育彩票则存在着品种较少,相对单一,一些游戏品种甚至已经开始衰退等不足之处,因此,这就要求通过及时有效的调整、创造来达到使体育彩票的种类进一步增多的目的。

3. 彩民反应消极

调查发现,当前我国彩票购买人群中,主要是中低收入阶层的人群,年轻人占了较大的比例,他们购买彩票的主要目的并不是公益,而是将购买彩票当作赌博投机。从彩票购买动机上分析来看,体育彩票对彩民造成的这些影响都是消极的、负面的。

4. 市场监管与法律制度不完善

我国体育彩票产业的起步较晚,当前的一些行政法规往往是地方性的,全国性规范性的法律文件还没有形成。

此外,在体育彩票发行和公益金的管理过程中,一些无法进行责任归属的问题往往也会发生。执法中无法可依的情况也较为普遍。

三、体育彩票业的运营策略

(一)加强市场调研

结合前文分析,体育彩票是一种商品,发行体育彩票是一种经济活动,体育彩票具有固定的市场,因此,要实现体育彩票的科学发行,就必须加强体育彩票市场的群众心理调查,对体育彩票的发行方式进行研究,对发行的节奏和时机进行准确的掌握,通过对各地不同风俗习惯和城乡经济活动机会的利用,积极寻找市场,捕捉时机,进一步扩大体育彩票的发行规模。

此外,还要不断对彩票的新玩法进行研究和开发,设计印刷景致美观的彩票新品种,使群众对体育彩票一直保持较好的新鲜感。

(二)建设彩票品牌

品牌是产品的无形资产,好的品牌对消费者具有很强的吸引力,品牌是体育彩票发行销售应该考虑的一个重要因素。

体育彩票的品牌资产体现在多个方面,如形象设计、工作环境、开奖方式的公正与公开、人员的素质与作风、文化建设等。只有具备良好的形象与信誉,才能赢得广大群众的信任,体育彩票的发行销售效果才更理想。

(三)制定多元化产品策略

消费者不同,他们对产品的需求也会有所差别,需求的差别决定了要对市场进行细分,因为只有这样,才能够使消费者的多元化需求得到较好的满足,对此,应仔细分析彩票细分市场,结合不同细分市场发行不同种类的彩票,实行不同的彩票玩法。

(四)建立畅通的沟通渠道

体育彩票的沟通对象比较多,主要包括彩民、公众、销售员、政府等。其中,彩民是主要的沟通对象。

建立通畅的体育彩票沟通渠道十分必要,具体来说,沟通的最终目的是为体育彩票创造良好的发展环境,培养大量稳定的忠诚顾客,促进体育彩票事业的良性发展。

(五)增加科技、体育和文化含量

要想让体育彩票具有较强的市场竞争力和生命力,就需要增加科技、体育和文化方面的含量。从当前的形势来看,我国正处在一个科技高速发展的时代,作为市场经济的产物,体育彩票要想更好地适应社会和经济的发展形势,将购买者的兴趣充分激发出来,就必须不断加大科技含量。另外,作为一种具有娱乐性的产品,体育彩票也应该将其文化价值充分体现出来,增加其体育含量。

(六)提升从业人员综合素质

当前,我国各体育彩票销售点的人员多为自主加入体育彩票销售系统,各销售点人员的业务素质良莠不齐,很多都没有进行过专业的培训,更多的是作为一个销售员存在。

为了进一步促进体育彩票业的发展,需要进一步充实省、地级体育彩票管理机构,培养具有较高业务素质的体育彩票销售与管理队伍,建立覆盖全国的体育彩票市场分级管理网络,加强内部控制,提高体育彩票销售的透明度和公益金管理的透明度。

第八章　新兴体育产业发展

体育产业体系内容的不断丰富与发展是与体育产业的持续发展分不开的。随着我国体育事业的不断发展,以及我国体育产业发展的日益成熟,我国体育产业与其他产业之间的关系日益密切,因此衍生了一些新的行业,其进一步丰富了我国体育产业发展体系,为我国体育产业的进一步发展完善扩大了市场需求,奠定了行业发展基础。本章就主要针对我国新兴体育产业的发展进行分析与研究。

第一节　体育传媒业

一、传媒与体育传媒业

(一)传媒

在人类发展过程中,信息的沟通与交流促进了人类的不断发展。随着人类社会的发展,信息传播的手段也在不断丰富,并逐渐产生了各种形式的大众媒介,如报纸、广播、电视、网络等。

媒介是文化传播的重要载体,媒介促进了人类社会中各类信息的快速传播,直接促进了人类文化的发展,并催生了大众传媒业的发展。

(二)体育传媒业

体育传媒是大众传媒的一个组成部分,是人类传播体育信息的中介。大众传媒的发展为体育传媒的兴起奠定了重要的基础,体育传媒业是媒介产业中的重要分支,其包括"体育媒介"本体,以及在此基础上形成的产业分支。

体育传媒发展迅速,体育竞技、传媒商业运作与广大受众则共同构成了电视媒体体育文化产业,即体育传媒业[①]。近年来,伴随着我国文化产业与体育产业的发展,体育传媒产业作为一种新兴的产业类型,发展迅速。

体育传媒业包含以下两层含义。

(1)体育媒介。指以体育产业相关内容及相关行业、辅助科研为主要报道内容的专业媒体。

(2)体育媒介所形成的产业分支。体育传媒业是媒介产业的重要组成部分,体育媒介赋予了"体育传媒业"媒介特色。

二、我国体育传媒业构成

(一)体育电视媒体

我国中央台体育频道自从建立之初就确立了自己的霸主地位,各地方台受到中央台和境外卫星电视体育频道的影响,专业性与及时性相对较差,且各地方台之间竞争激烈。

(二)体育平面媒体

就传统媒体来看,体育报纸媒体无须花费巨资购买赛事报道权,只要向赛事组织机构申请采访权就能够获得相关的赛事信息。因此,体育报纸媒体就可以将自己的精力完全放在报道人员的运用和独特的经营体系上。

当前信息化时代,随着网络的发展,网络媒体、手机应用媒体在人们日常生活中发挥着越来越重要的作用,方便快捷、发布实

---

① 栾秀群,王大川.中国体育传媒发展研究[J].中国报业,2012(2):142-143.

时、交互性强是网络媒体的最大优势,并对传统体育媒体产生了巨大的冲击。

三、体育传媒业发展中存在的问题

(一)发展不平衡问题

我国体育传媒业发展不平衡性的问题主要表现在不同体育项目的赛事报道、转播等方面。这与我国体育运动项目的竞技发展水平不平衡性密切相关。

当前,我国体育传媒业在进行体育信息的传播时,一些特色项目和优势项目得到了更多的传播,而其他一些项目的比赛不能得到有效的传播。这种不平衡性在一定程度上反映了我国体育传媒业市场开发过于集中、忽视潜在传媒市场开发的问题。

(二)客观真实性问题

体育信息,尤其是体育赛事的变化是非常快的,而现在网络媒体的涌入,使得各大网站平台上各种自媒体发布信息的门槛大大降低,为了吸引眼球,一些标题性新闻、误导性报道、不实信息时常出现,体育相关信息的传播很容易出现内容不严谨,甚至错误百出的现象,体育相关信息的客观性和真实性难以得到保障。

(三)传媒人才缺失

现阶段,我国的体育新闻与编辑人才相对较为缺乏,在新媒体不断壮大的同时,这一问题更加凸显。各种形式的体育传播媒介缺乏专业人才。

四、体育传媒业的发展对策

(一)加强传媒发展规律研究

信息传播具有一定的规律性可言,现代传播学是一种新兴学科,加强对信息传播的研究、传媒业发展规律的研究,有助于为我国体育传媒业的发展提供理论指导,使我国体育传媒业的发展少走弯路。

(二)重视多媒体资源的整合

随着信息时代的到来和互联网的不断发展,传媒业发展日益多元化,要想促进我国体育传媒业的整体发展,就不能仅仅在一种媒体发展上花费时间与精力,必须要争取多种媒体的统一、协调发展。

针对多种媒体平台的信息传播优势,要注意多媒体的整合利用,具体做好以下工作。

(1)平面媒体开展可开设相应的电视节目、电台节目以及相应的网络节目。

(2)电视台、网络媒体应拓展其发展空间,积极开展多方面媒体渠道的传播。

(3)抓住各媒体的核心优势,加强合作。

(三)实现与资本市场的接轨

现阶段,要使我国体育传媒业规模扩大、效益提高,最便捷的道路无疑是与资本市场进行合作。传媒业与资本市场的接轨是其必然的发展趋势。

但是,体育传媒业的现实发展情况却是我国体育传媒业长期以来与资本市场的接轨相对较为缓慢,并且存在着一定的风险,这在很大程度上制约了我国体育传媒业的进一步发展,对此,应加强传媒与资本市场的合作发展,加强体育传媒业与资本市场的接轨有助于体育传媒业资源的最大化利用。

(四)培养传媒信息类人才

作为一个新兴的体育产业,我国体育传播业从业人员数量较少,尤其缺乏高素质信息传播人才,随着互联网的发展,网络信息传播与平台运营管理人才也非常缺乏。

因此,要想促进我国体育传媒业的科学化发展,就必须加强相关体育信息传播、信息管理、媒体运作与运营管理人才的培养,不断提高体育传媒业的从业人员素质、技能。

(五)加强国际交流与合作

世界范围内,传媒大亨都不会满足于在一国之内开展相应的传播业务,会涉及全球化业务运作。随着我国体育产业的迅速发展,近年来,国外有经验的、先进体育传媒的介入在一定程度上冲击了我国传统传媒,如体育电视媒体的发展,我国各地方体育台的生存面临着艰难的环境。

现阶段,中国体育传媒的竞争力还不高,没有在世界范围内形成广泛影响的体育媒体,在世界体育一体化发展进程中,我国体育传媒业要想在世界体育传媒业中持续发展,并逐渐增强市场竞争力,就必须遵循全球化发展的趋势,向欧美体育传媒集团虚心学习,积极与其他国际体育传媒机构展开交流与合作,同时,发挥本土优势,加强自身的实力。

第二节　体育广告业

一、体育广告的概念与类型

(一)体育广告的概念

广告,即"广而告之"。商品经济中的广告行为是一种商业活动,主要是将相应的商品信息传达给消费者,广告首先是一种宣传活动,其是在媒体上针对一定的对象传导相应的商品信息,从而实现一定商业目的的传播活动。

所谓体育广告,具体是指以与体育有关的形式(如体育活动、场馆、运动员)为媒介,将和体育有关的商品和服务等信息传递给经营者和消费者的营销手段和方式。

体育广告与其他形式的广告的区别在于广告媒体性质的差异。体育广告活动借助于体育场馆、运动比赛、运动员、体育刊物等进行信息的传播,广告活动围绕体育活动开展。

(二)体育广告的类型

体育活动形式多样,内容丰富,因此可利用的广告媒介和形式也十分多样,故而体育广告可以分为多种类型,如场地广告、路牌广告、冠名广告、奖券广告、明星广告、气球广告、拉拉队广告、背景台活动广告、印刷广告等。

二、我国体育广告业的发展趋势

(一)广告意识不断增强

改革开放以前,我国的生产力落后、生产社会化的程度不高,商品实行计划供应,体育产业规模化较低,广告意识不强。随着改革开放和社会主义市场经济体制的逐步建立,我国广告业发展迅速。

我国广告业是随着我国竞技体育的发展和我国对大众体育健身的推广发展起来的。2008 年北京奥运申办成功后,我国体育赛事明显增多,体育产业发展迅速,体育广告业也获得了较快的发展。后奥运时代,我国大力推广全民健身,大众体育市场发展迅速,各种体育商业推广活动层出不穷,体育广告业发展迅猛。

当前,体育广告业已经发展成为我国体育产业的重要组成部分。我国的体育广告正处在方兴未艾的阶段。

(二)体育明星代言增多

体育明星是体育媒介的重要组成部分,企业可以运用体育明星的明星效应来提高自己的产品知名度,因此,体育明星具有重要的商业价值。近年来,随着我国竞技体育的快速发展,体育广告的资源越来越丰富,众多体育明星纷纷进行广告代言,且广告内容涉及社会生活的方方面面。

随着我国竞技体育的快速发展,我国体育明星运动员更多地受到了大众的关注,因此,一些企业会在一些商业活动中邀请知名运动员来参加,以提高自身产品和服务的知名度,同时,我国也有一部分优秀运动员开始利用自己较高的知名度进行商业广告市场开发,如创建品牌、开办公司、进行商业代言等。每一次大型赛事之后,都有一批新的体育明星代言的广告涌入市场,据不完全统计,我国已经有 12 个项目的 50 余体育明星做了广告或广告代言,包括运动员、教练员。明星代言中,广告品牌中占据前三位的体育产品分别为运动服装(31%)、饮料(16%)、药品(10%)。

但是,值得注意的是,目前我国仍然处于体育市场经济开发的初级阶段,而且我国的体育体制尚不允许服役的运动员脱离体育组织单独参加商业活动,体育明星代言也在进一步规范当中。

(三)体育广告的法律约束更严格

2015 年 4 月 24 日,十二届全国人大常委会第十四次会议表决通过了新修订的广告法,新《广告法》在 2015 年 9 月 1 日起施行,这是我国广告法实施 20 年来首次进行修订,对进一步规范商家和明显的广告行为具有重要监管作用①。

新《广告法》对体育从业者(注意是运动员、教练员)广告行为进行了规范,也对企业与体育从业者合作的商业行为进行了约束,具体表现在以下几方面。

(1)新《广告法》第 38 条第 1 款和第 62 条第 3 项规定"广告代言人不得为未使用过的商品或服务作推荐、证明"。

---

① 崔俊铭,庞静. 新《广告法》对体育广告的影响[J]. 新闻战线,2016(3):104-107.

(2)新《广告法》第 38 条第 3 款、第 48 条第 2、第 3 款以及第 62 条第 4 款规定,"关系消费者健康的商品或服务的虚假广告,造成消费者损害的,或明知广告虚假仍作推荐的,代言者与广告主承担连带民事和行政责任"。

(3)新《广告法》规定,医疗、药品、医疗器械和保健食品等不得用广告代言人做推荐、证明。新《广告法》实施以后,我国体育明星代言鱼油软胶囊、滴眼液等行为已经被完全禁止。

新《广告法》的颁布大大增加了企业、明星运动员的代言违法成本,有利于我国体育广告业的长远发展。

三、体育广告业的发展对策

(一)加强企业沟通

体育广告业作为一个新兴的行业,入市的门槛低,一些广告经营单位在企业合作方面缺乏经验。例如,一些体育广告经营单位在与企业签订广告合同后关系冷漠,非常不利于体育广告的切实落实实施,也不利于体育广告经营单位与企业的长期合作。

对于体育广告经营单位来说,要实现自身的长远发展,体育广告经营单位和企业之间应加强交流与沟通,体育广告经营单位与广告商之间是互惠互利的关系,只有双方进行积极有效的互动与配合,确保沟通渠道畅通,才能使体育广告协议双方在问题处理中取得更多共识,达成更多谅解,取得更多成果,才能实现"共赢"。这对于体育广告的科学实施和良好广告效益的获得具有非常重要的作用。

对于我国体育广告业的长远发展来说,体育广告经验单位与企业之间保持良好的交流、合作关系,有利于良好的实操、行业环境的维护。

(二)预防埋伏营销

埋伏营销,又称"寄生虫营销",具体是指某企业(不正当竞争企业)通过其他形式的广告和推广活动,获得体育广告经营单位认同的官方广告主或赞助商(真正实施体育广告的企业)的关系,误导消费者购买自己的产品或服务。埋伏营销是一种不正当的市场营销行为①。

从本质来看,埋伏营销,不支付广告费用,通过误导消费者使消费者误以为该企业就是官方广告主或赞助商。体育广告业中的埋伏营销多种多样(表 8-1),应注意鉴别,以维护自身合法权益、避免企业名誉、经济受损。

表 8-1   体育广告业中的不正当埋伏营销行为

所依托的体育活动	营销本质
体育比赛	组织一些与体育比赛结果有关的猜奖活动,或者把比赛门票当作奖品发送
电视广告	在比赛期间播放广告,误导消费者认为埋伏营销的企业的产品是赛事指定用品
赞助电视转播	赞助电视机构来转播体育赛事的方法与体育活动搭上关系
赞助某运动队或运动员	个别赞助,而不是向体育比赛组织者支付任何费用
推广宣传	使用观众熟悉的体育活动照片从事商业活动。使用体育活动的巧合背景做广告。发布对广告主所赞助的运动员(队)和赛事的庆祝广告。制作和发行印有运动员(队)和赛事标志的纪念品

(三)加大广告发布管理力度

要促进体育广告业的可持续发展,就必须规范体育广告市场,对广告发布严格把关,杜绝虚假广告和违法广告的出现。具体做好以下两方面工作,一方面,应建立完善的广告监管机制。另一方面,完善内部管理制度,争取发布优质广告,以合法追求和

---

① 钟天朗.体育经营管理——理论与实务[M].上海:复旦大学出版社,2008.

实现企业广告效益的最大化。

（四）做好危机公关

现阶段,我国的体育广告业发展处于初级阶段,在企业发展过程中难免会出现各种因广告行为不当而引发的企业经营管理危机,对此,企业一定要有广告危机意识,不做虚假广告,也应注意企业广告的规范制作、发行。

对于体育广告经营单位而言,体育广告经营单位应加强对体育广告实施管理:首先,选择社会形象较好、经济效益较好的企业,防止拖欠广告费用问题的出现。其次,监督企业利用体育媒介开展的营销活动,对企业在营销中出现的违规现象（违法、违纪、违背社会道德等行为）,要求其及时停止和改正,必要时终止合作。

对于投放体育广告的企业而言,在体育广告合同履行过程中,首先,要加强与体育广告经营单位的及时的沟通和交流;其次,对可能出现的不良广告行为与现象做出预测并制定相应的对策,一旦出现问题,及时反应和处理。

（五）处理好商业化与公益性的矛盾

在我国社会主义市场经济中,体育具有经济性,同时也具有文化性、社会性,体育产业的发展应重视其社会公益性与商业性的统一。体育广告业作为一种对大众舆论、大众思想有重要引导作用的产业,应该更加重视商业与公益这两者关系的正确处理。

在体育广告市场中,对于广告主（赞助商）和体育广告经营单位来说,要正确处理体育的商业化与公益性应做到以下几点。

（1）以社会的公共利益为出发点,严格按照国家有关法规、规章实施体育广告活动,并对广告主在活动开展期间的违法、违规行为及时予以纠正。

（2）征求相关部门意见,正确区分自身所拥有资源的性质、数量,科学实施商业开发。

（3）进行体育商业开发，兼顾补贴事业经费、发展体育事业。

（4）利用体育明星作为体育广告媒介必须注意社会影响，广告内容必须健康，体育广告推广不影响运动员的正常训练与比赛。

（六）鼓励体育信息传播、体育广告和体育商业服务业的合理竞争

在整个体育产业结构中，体育信息传播、体育广告和体育商业服务均属于非主导产业，但是这些产业的发展对于促进体育产业中其他产业和部门的发展具有重要促进作用。

现阶段，我国的体育信息传播、体育广告和体育商业服务等产业场化程度高，规模适当，产品供求平衡，管理规范，整体来看，发展态势良好。结合当前我国体育信息传播、体育广告和体育商业服务的发展现况，政府应做好以下两方面工作。

（1）维持体育信息传播、体育广告和体育商业服务的现有发展水平和状况。

（2）注重于良好政策环境的创造，如巩固税收政策、技术质量政策、市场规范政策等，为这些产业发展中的资源配置、公平竞争、市场拓展提供政策支持。

（七）重视互联网网络广告的科学化规范经营管理

在互联网高度发展的现代社会，互联网的出现对于人们的工作、生活、生产、思想等各方面都产生了深刻的影响。人们在生产生活中日益离不开网络，在这一时代环境下，网络广告能够吸引人们更多的目光，能够影响更多的消费者人群。因此，无论是哪个行业，开展广告活动时，必须具有互联网思维，这是时代发展的必然要求。

对于体育广告经营单位来说，制作、推广、运作互联网体育广告应注意以下几点。

（1）广告包装的新颖性。互联网时代，体育信息传播速度快、范围广，人们的体育观念不断改变，现代健康理念得到了广泛的

传播。互联网广告新奇的创意和丰富的形式更容易让人们接受。

(2)广告更具针对性。互联网时代,信息的传播者与接受者之前实现了交互,广告主能够通过与消费者交互或获取相应的网络数据来了解广告的效果,而消费者也能够随时查看所需要的广告,因此,广告推广应明确消费者对象。

(3)重视数据分析。互联网的发展使得各种大数据研究具有一定的价值性。就体育广告经营管理来看,主要涉及三方面数据的管理,即为环境数据、客户数据、媒体广告业务数据。这三项数据之间具有密切的联系,当一项数据发生变化时,其他数据也会变化。因此在进行广告营销时,应注意对这几项数据进行实时分析。

(4)注意互联网与传统媒体的结合使用。新的媒介的出现并不一定会导致旧的媒介的消亡,在体育广告传播过程中,网络广告传播模式不可能完全替代传统广告传播模式,在体育广告传播过程中,应将网络与传统媒体相结合,实现广告效果最优化。

第三节　体育赞助业

一、体育赞助的概念与分类

(一)体育赞助的概念

所谓体育赞助,具体是指以体育为题材、以达成各自目标为目的、以支持和回报为内容、以利益交换为形式的一种特殊的商业行为[①]。

体育赞助是对体育组织机构和教练员、运动员等的无形资产的开发,是提供赞助的企业的一种企业营销方式,通过对体育个

---

① 夏正清．体育产业经营管理[M]．西安:西安地图出版社,2011.

人、赛事的赞助以提高企业形象和提升员工士气,扩大产品销售范围,提高企业竞争力。

(二)体育赞助的分类

现阶段,体育赞助依据不同的分类标准可划分为多个类型,详见表8-2。

表8-2 体育赞助分类

分类依据	体育赞助类型
赞助对象	对赛事举办者、体育组织、体育场馆、俱乐部、运动队、运动员等的赞助
时间跨度	短期体育赞助、长期体育赞助
体育运动性质	体育后备人才培养的赞助、体育赛事赞助、公益性体育活动的赞助
具体赞助内容	技术赞助、服务赞助、实物赞助、现金赞助
赞助商数目	独家赞助、联合赞助

二、体育赞助业发展中存在的问题

(一)体育资源开发不充分

整体来说,我国体育事业和体育产业的发展拥有较多的体育资源,但是,就体育赞助业来说,已经开发的体育资源主要是体育赛事,针对其他体育资源的赞助非常少,而仅有的体育赛事赞助在赛事赞助内容方面的开发也仅限于赛事冠名、设备与服装赞助方面。究其原因,分析如下。

(1)现阶段,我国体育赞助业发展还处于初级阶段,在许多体育中介组织看来,体育赛事只是简单的比赛活动,而没有对比赛级别、举办地、涉及人数以及受众等赛事的特性给予关注。

(2)对体育赛事赞助的商业包装单一,有些赛事对赞助商的广告出现要求严格,很难将公司、企业的赞助热情激发出来。

(3)我国大型、知名赛事少,国际体育企业也加入赛事赞助竞争,我国体育赛事赞助企业生存环境不容乐观。

(二)体育法律制度不健全

当前,我国体育赞助市场的法制还不够健全,这样企业的赞助活动就会面临一定的风险。例如,是我国足球职业联赛中,"黑哨""假球"等现象严重影响了赛事的质量,赛事的魅力减弱,对观众的吸引力也有所降低,赞助商的经济利益得不到有力的保障,企业赞助体育的效益受损,却有苦难言,企业赞助不能得到法律有效保护。

(三)大型体育赞助商缺乏

体育赞助是对体育无形资产的开发,企业通过对体育资源的商业运作来为体育活动的开展提供经济保障,同时,增加本企业的知名度,这是一种"双赢"的行为。

但就我国体育赞助业的整体发展现状来看,将赞助体育活动看作是一项投资活动的往往只是很少的一部分企业,能够长期赞助的企业非常少,一些体育组织部门仅将体育赞助当做获取经济利益的途径,不仅没有将科学的市场营销理念树立起来,也并不关注企业的赞助需求,这就导致体育赞助业难以取得健康有效的发展。

三、体育赞助业的发展对策

(一)提高企业赞助积极性

针对企业对体育赞助行为和效益认识不清的问题,寻求赞助的体育企业应有效开展市场营销活动,进一步激发出企业的体育赞助需求。在洽谈体育赞助行为的过程中,遵循互惠互利的原则,树立良好的双赢意识,将企业的赞助积极性充分调动起来,才能够使体育赞助业得到进一步的发展。

(二)规范体育赞助市场

从操作上看,在赞助企业与体育活动组织者签订赞助意向合同之后,体育活动的开展过程中应认真履行对赞助企业的广告宣传行为,但是由于很多体育活动,尤其是大型体育活动的开展具有很大的开放性,受多种因素影响,因此,一旦体育活动失败,体育赞助企业所赞助的钱、实物、技术等就会付之东流,而体育赞助市场上对于人为和意外的这种赞助失败行为缺少权益分析与保护,对此应规范体育赞助市场。

(三)深度开发体育赛事赞助

目前,体育赛事赞助在我国体育赞助业中的发展是比较好的,深度开发体育赛事赞助,能为体育赞助业中对其他体育资源赞助的开发提供经验。

体育赞助是企业对体育活动、组织或个人的投资。体育赞助的内容主要包括比赛冠名、赛场周围广告牌、赛事商标使用权等。体育赛事赞助的结构如图 8-1 所示。在体育传媒运营中,体育赞助可以扮演双赢角色。赛事赞助是各类体育主体重要的经济来源,是各类体育经营者赖以生存的主要经济基础,同时,给无数企业带来了巨大的商机,能为企业树立良好的品牌形象,帮助企业借助体育活动效应提升品牌的知名度和美誉度,帮助企业实现经济利润。

体育赛事赞助的实施涉及因素较多,而且复杂,体育赞助活动中的利益关系也较为复杂,因此,往往会有一些意外发生,这就对实施者的能力有着非常大的考验,体育赛事赞助企业应及时总结经验教训,并重视对其他体育资源的赞助开发。

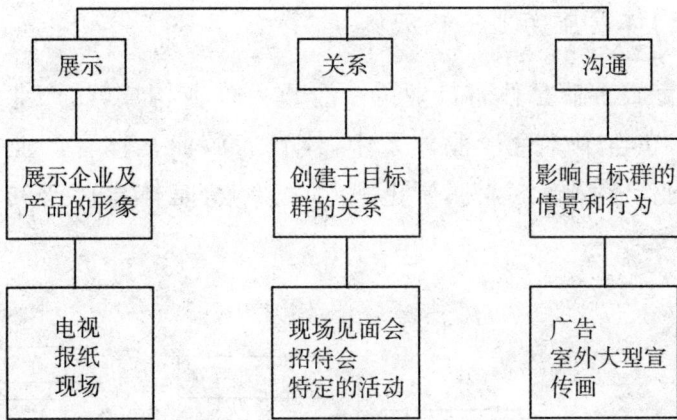

图 8-1

第四节 体育旅游业

一、体育旅游业的概念与构成

(一)体育旅游业的概念

体育旅游有广义和狭义之分,广义的体育旅游是与体育、旅游同时相关的一切经济活动,狭义的体育旅游是指旅游者为实现自身的休闲娱乐体育参与需要的旅游活动。

体育旅游业,是一种交叉性行业,同时具有体育、旅游的产业性质,并具有自己独特的特点和产业属性。

(1)体育旅游业中,体育旅游资源是不可缺少的一个产业构成要素。

(2)体育旅游业包括经营者和体育旅游者,作为经济行为的双方,连接二者的主要为各种体育旅游服务。

(3)体育旅游业是一种综合性产业。

（二）体育旅游业的构成

体育旅游业是体育产业的一个重要产业构成,从产业关系结构来看,在整个体育产业体系中,体育旅游业是体育产业的一个重要子业,体育旅游业属于下游衍生产业,是体育产业的组成部分(图 8-2)。

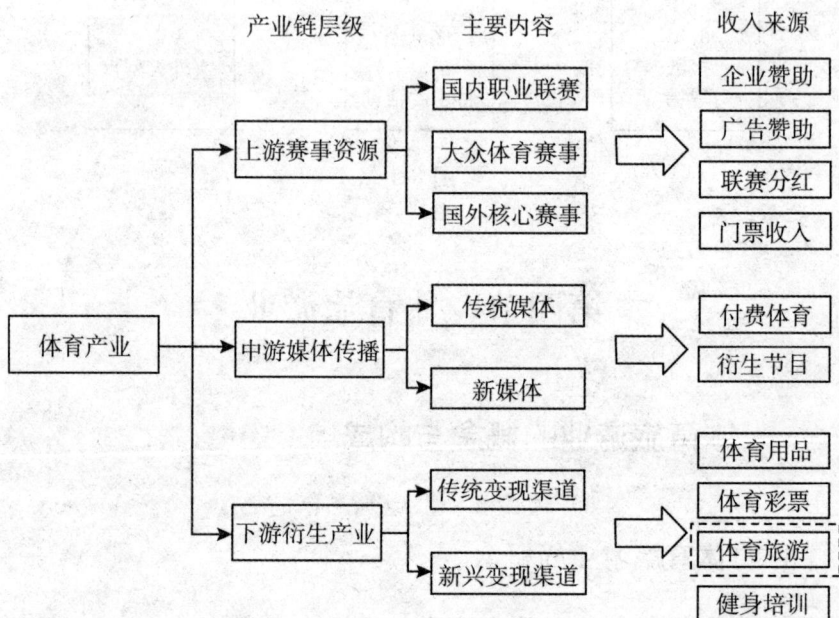

图 8-2

体育旅游业,作为一个新兴的独立性的体育产业,目前已经发展成熟,具有了比较完整的体育产业结构,在体育旅游产业结构体系中,各体育产业与其他产业的交叉部门共同参与到体育旅游产业中,构成了体育产业的结构要素(图 8-3)。

结合体育旅游产业及其相关产业发展,对体育旅游产业集群中的各相关产业、行业、组织、机构在体育旅游产业集群体系中的地位简要分析如下。

体育旅游核心行业——体育旅游核心吸引物、体育旅游餐饮业、住宿业、代理和销售业、旅游用品、纪念品销售业等。

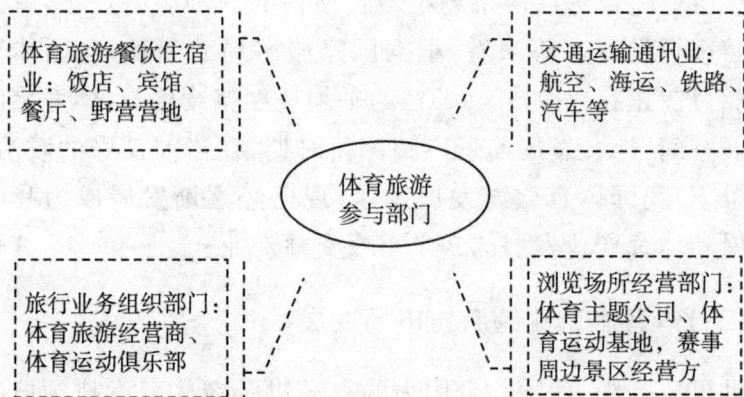

图 8-3

体育旅游服务行业——金融、交通、通讯、保险、政府管理部门、行业协会、大学院校等。

体育旅游相关行业——体育设施、装备的供应商和维修商、体育旅游策划和咨询商、旅游广告和咨询媒体、清洁公司等。

二、体育旅游业的发展趋势

(一)国内体育旅游市场发展趋势

我国体育旅游业相较于国外旅游发达国家,起步较晚,但是发展迅速。根据中国投资咨询网的研究调查,2015 年,我国体育旅游市场规模近 2 065 亿元。我国《全民健身计划》的全面实施、北京奥运会的成功举办等为我国体育旅游发展提供了广阔的条件和背景,体育旅游市场商机无限。在社会经济快速发展、百姓对高质量生活不断要求提高的现代社会背景下,我国体育旅游市场持续不断扩大。

近两年来,随着我国对体育事业和体育产业发展的重视,我国体育旅游业不断发展完善,也为满足社会大众的体育旅游需求提供了良好的行业发展环境与旅游消费体验。

随着国民经济的不断发展,体育产业与旅游产业跨界融合,体育旅游业将成为旅游市场中增长最快的一种旅游业态,就我国的旅游市场发展趋势来看,根据国家旅游局的测算,我国体育旅游产业目前正在以 30%~40% 的平均速度持续增长,体育旅游市场发展空间巨大、发展前景广阔。新时期,在当前良好的政治、经济背景下,我国体育旅游发展迅速,现已经逐渐发展成为我国经济发展和体育产业发展的一个重要支柱产业。

(二)体育旅游业的海外市场发展

世界范围内,我国综合国力的上升以及在体育竞技领域的突出发展,都吸引了众多国外友人关注我国体育事业、体育产业、体育旅游文化市场,我国的民族文化对外吸引力不断增加,随着我国的国家实力不断上升,越来越多的人愿意了解中国,我国海外旅游市场前景广阔。

当前,在我国具有丰富的体育旅游资源、我国在开拓国际体育旅游市场推出一系列发展政策的基础上,每年境外体育旅游人次逐年增长。世界旅游组织预测,我国在 2020 年将成世界最大的国际旅游客源地与目的地。

三、体育旅游业的发展对策

(一)加强政府调控与政策指导

1. 加强政府调控

现阶段,我国经济正处于转轨时期,发展体育旅游产业集群必须充分考虑我国体育旅游市场发展现状,重点解决以下问题。

(1)我国体育旅游微观市场基础还不够完善,市场监管权力也比较分散,现有的监督协调机制存在一些问题,个别企业存在投机取巧的事实。

(2)我国体育旅游产业大都以"资源型"产业为主,普遍采用

"挖掘式"的方法开发体育旅游资源,采用"同构式"的手段经营旅游产品,因此很多体育旅游地都重点以开发低层次的观光型体育旅游产品为主,各旅游地开发产品雷同,资源浪费严重。

(3)资源分配不均问题,体育旅游市场中,一方受益而另一方受损的"零和博弈"现象也普遍存在于旅游地之间。

2. 加强政策指导

为最大限度地开发我国体育旅游资源,发挥体育旅游地、体育旅游点的资源吸引优势,可通过政府政策引导,建立体育旅游产业集群,促进规模经济的形成,通过产业价值链的延伸来带动相关企业的发展,并鼓励其他相关企业进入产业集群,对整个区域旅游业之间的分工与协作进行引导,鼓励与引导地区间、行业间的分工与协作,使企业之间保持有序的竞争与协作关系。

此外,为了充分调动体育旅游业市场主体的积极性与主动性,国家还可以通过一系列优惠政策的实施来减轻企业负担,激发企业市场发展动力。例如,结合各地体育旅游发展实际和未来发展规划、目标,各级政府部门应对税制进行改革,对税率进行合理制定,以减轻企业负担,促进体育旅游产业的持续发展。

(二)规范市场秩序,完善旅游服务

在市场经济发展过程中,存在的一些不和谐的市场行为和现象,如不当资源占取、不当竞争行为等,都会严重制约体育旅游产业的健康可持续发展,对此,必须严格规范体育旅游行业发展市场环境。严格对企业的不法竞争行为和投机行为进行约束与管理,规范市场竞争秩序。具体可从以下几点着手开展工作。

(1)整体来看,应制定各种配套政策,对企业竞争行为加以规范,为体育旅游产业集群的形成与发展提供一个健康的环境。

(2)制定体育旅游经营活动的从业条件和服务规范,规范体育旅游服务市场,确保体育旅游者的合法权益和良好体育旅游体验感的获得。

(3)针对我国体育旅游业发展中存在的市场秩序的细节问题,应不断健全地方法律法规予以有针对性的解决。

(三)合理有效开发体育旅游资源

1.体育旅游资源开发应突出地方特色

结合对体育旅游及其相关概念解析,可以充分认识到体育旅游是"出游",是一种"离开居住地和工作地"的游览和体验活动,因此,体育旅游活动就必然具有鲜明的地域性。而不同的体育旅游地之所以能吸引旅游者,必然有其与众不同的地域特点、特色。

不同类型的体育旅游地可以各自发挥自己的优势,以我国西部体育旅游产业的资源开发为例,分析如下。

我国西部地区不同旅游资源的组合优势主要表现在西部地区民族种类最多、民族美学价值丰富,民族习俗和民族风情各有特色,各地的体育风格、自然景物、风土人情等给人的感觉非常丰富,约有40多个民族生活在这里,众多的民族在长期生产生活的历史进程中形成了种类丰富、千姿百态的多民族文化。因此,在我国西部地区,体育旅游资源往往与人文旅游资源、自然旅游资源紧密联系在一起,三者之间通常会优化组合为三种旅游形式,即"体育旅游资源＋人文旅游资源""体育旅游资源＋自然旅游资源""体育旅游资源＋人文旅游资源＋自然旅游资源"。举例如下。

(1)"体育旅游资源＋自然旅游资源"组合:贵州的"围棋＋黄果树瀑布"。

(2)"体育旅游资源＋人文旅游资源"组合:云南苗区普遍流行爬花杆活动;滇南爬杆表演与吹芦笙相结合;苗族花山节丰富多彩的体育活动综合节庆表演;佤族新米节、春节和撒谷节到来之际都会举办的传统民间体育节庆活动,包括摔跤、打鸡棕陀螺、射弩;普米族的传统节日体育活动,如赛马、斗狗、打靶、摔跤等。

2. 体育旅游资源的创新开发

创新发展是产业发展的生命,不断的创新能给予体育旅游产业强大的生命力。创新型开发模式,虽然新兴体育旅游项目很多,但是还不够稳定,没有形成统一的系统,不足以实现体育旅游事业好的效果。为了最大限度地实现体育资源开发方面的创新,可重点做好以下创新准备工作。

(1)树立创新意识。创新意识是意识的主观能动性的表现,创新意识强的人会积极地去发现问题,解决问题,从而达到创新的目的。

(2)确定创新方法。只有掌握正确的创新方法,才能使创新成为实践。无论是体育产业结构内部还是外部,都存在着广泛而复杂的关系,所以,正确的创新方法可以将摸索变为正确的理论指导。

(3)重视体育旅游产业发展的理论研究,为体育旅游资源发展提供必要的理论指导,研究和探索产业创新规律和方法,剔除观念上的私念和保守,建立创新理论体系,为创新实践提供理论指导。

(四)促进体育旅游产业的集群发展

体育旅游产业集群,是产业集群在旅游业中的体现。目前,学术界一致认为,体育旅游企业及旅游相关企业和部门在一定地域空间内聚集,它们为了实现共同的目标,建立联系,协同工作,构成一种产业组织形式,这种产业组织形式就是体育旅游产业集群。在一个成熟的体育旅游产业集群中,体育旅游核心行业、旅游相关行业、服务机构和支撑机构等是主要组成部分,这些行业、机构间关系密切。

从我国区域体育旅游产业发展历程、发展现状来看,我国一些区域体育旅游资源丰富,市场较为完善,具有发展体育旅游产业的优势,体育旅游产业发展态势良好,这些区域的体育旅游产业发展到一定程度后,积累了丰富的经验,具备了向体育旅游集群化方向发展的良好基础条件。

走产业集群化之路,有助于促进优势区域体育旅游产业核心竞争力的提升,是我国体育旅游产业实现可持续发展的必由之路。

(五)加强基础设施建设,重视人才培养

1. 加强基础设施建设

旅游业强调消费者在旅游活动过程中的身心体验,完善体育旅游项目的基础设施建设对于提高消费者对体育旅游资源的认知度和美誉度是十分重要的。

现阶段,应建立健全体育旅游活动的配置建设,充实景区旅游项目的构架和内容,促成景区资源的共享格局,增强区域市场聚合力。具体要求如下。

(1)利用现代化的体育竞赛设施和民族传统体育运动设施,承办各类体育竞赛与表演来增加体育旅游的客源。

(2)完善餐饮、住宿、交通、购物等各项辅助设施的建设,加强体育旅游的专项基础设施配备。

2. 重视体育旅游各类人才培养

我国体育旅游专业人才匮乏。目前,在体育旅游市场上,从事体育旅游的服务、管理、技术指导人员多是来自于旅游专业,或者其他无关学科,体育专业技能知识和经验储备不足,体育旅游活动开展中存在安全隐患。

人才作为产业发展的根本动力,是体育旅游产业发展探索所必须重视的问题,当前,要促进我国体育旅游产业的持续健康发展,就必须重视复合型体育旅游人才的建设和培养,包括以下各类体育旅游人才的培养。

(1)体育旅游学术、理论研究人才。

(2)体育旅游市场管理者与经营者。

(3)体育旅游产业发展规划和行政管理人才。

(4)体育旅游技术、安全指导人才,导游。

(5)体育旅游服务型人才。

(6)体育旅游信息网络人才。

(六)重视体育旅游地的资源与环境保护

受多种因素的影响,在我国各地的体育旅游资源开发过程中,对体育旅游资源的破坏问题屡次出现,许多自然的体育旅游资源遭到了严重的破坏,致使一个风景区尚未建设好,却已被破坏得非常严重,尤其是对一些不可再生资源的破坏将直接影响到体育旅游的后续发展。此外,在体育旅游资源开发过程中,各种工程建设也会对当地的自然环境造成影响,有些影响是非常消极的,甚至严重破坏了当地生态环境。

体育旅游资源是体育旅游业发展的重要基础,因此,体育旅游业的持续发展必须要重视对体育旅游资源的合理开发。重视旅游地的环境保护,具体要求如下。

(1)提高保护意识,通过条例建立体育旅游资源保护区、体育文化基地,保护具有民族特色的体育运动、体育服饰、体育工艺等。

(2)科学规划,加强景区管理,争取在发展中少走弯路。

(3)对那些不能再生的体育旅游资源和有限的体育旅游资源实行有效的控制利用。

(4)对可再生的体育旅游资源和无限的体育旅游资源实行充分的利用。

(5)对生态脆弱区、环境敏感区和珍稀自然景观、人文景观进行有效的保护。

(6)加强污染的防治和保护设施的建设,必要时我们可实行封闭式保护管理。

应该认识到,在体育旅游业开发过程中保护是前提,是基础。只有重视和做好资源和环境保护,才能进一步实现体育旅游业的可持续发展。

参考文献

[1]杨铁黎,王子朴,等.体育产业概论[M].2版.北京:高等教育出版社,2015.

[2]吴超林.体育产业经济学[M].北京:高等教育出版社,2004.

[3]杨铁黎.体育产业概论[M].北京:高等教育出版社,2010.

[4]卢嘉鑫,张社平.体育产业发展理论与政策[M].北京:北京大学出版社,2011.

[5]崔瑞华,远芳,王泽宇.中国体育产业发展支撑条件时空格局演变分析[J].资源开发与市场,2018(1):1431-1437.

[6]崔瑞华,王泽宇,于文谦.我国体育产业发展的 SWOT-PEST 分析[J].天津体育学院学报,2007,22(3):252-254.

[7]薛来何.体育国际化背景下中国体育产业发展研究[J].长春师范大学学报,2018,37(8):121-123.

[8]刘硕.新时代体育产业现状及发展方向分析[J].体育科技文献通报,2018,26(10):166-168+180.

[9]李阳乾,胡振东.探析体育产业新政背景下中国体育产业发展的机遇与挑战[J].当代体育科技,2015(35):179.

[10]屈忆霞.全球化背景下我国体育传媒业的机遇和挑战[J].新闻战线,2015(1):164-165.

[11]王飞.我国体育产业发展的制度创新研究[M].北京:北京体育大学出版社,2016.

[12]曹可强.体育产业概论[M].上海:复旦大学出版社,2004.

[13]张春萍,李世民.我国体育产业信息网站运营模式研究[M].北京:经济管理出版社,2016.

[14]韩志超,林琳.中国休闲体育产业结构性改革研究[J].改革与战略,2018(8):55-59.

[15]石森.供给侧改革视角下体育产业发展的新空间及动力[J].现代营销(下旬刊),2018(8):96-97.

[16]舒琦.当前我国经营性体育健身事业的发展现状及问题探究[J].体育世界(学术),2018,783(9):33+35.

[17]马文博,朱亚成,杨越,李平.新时代我国体育休闲特色小镇建设的机遇、挑战与策略[J].辽宁体育科技,2018(4):5-8.

[18]池深,刘建坤.美国、意大利、日本体育产业的发展及对我国的启示[J].江西师范大学学报,2008,32(6):747-749.

[19]林显鹏.国外体育产业统计指标体系研究[J].天津体育学院学报,2000,15(2):14-17.

[20]刘志勇,杨少雄.体育产业与养老产业互动融合模式分析[J].泉州师范学院学报,2018(4):35-40.

[21]宋立,郭春丽等.中国经济新常态[M].北京:中国言实出版社,2015.

[22]李莉.供给侧改革:引领中国经济发展新常态[M].北京:红旗出版社,2016.

[23]杨振华.信息化时代我国体育变革与发展路径研究[J].安阳工学院学报,2018,17(4):120-122.

[24]马春伟.健身信息化与居民体育意识及行为的相关性分析[J].运城学院学报,2018,36(3):71-75.

[25]任波."互联网＋"战略下全民健身发展的机遇与挑战[J].体育科研,2017,38(3):73-77.

[26]王瑜,李锋,韩春利.国内常见运动健身 APP 的试用及评价[J].湖北体育科技,2018(8):676-679.

[27]蔡宝家.区域休闲体育产业发展研究[M].厦门:厦门大学出版社,2017.

[28]丛湖平.体育产业理论与实践[M].北京:人民体育出版社,2006.

[29]宋晓修.山东鲁能泰山足球俱乐部品牌创建研究[D].武汉体育学院,2008.

[30]徐泉森.北京国安足球俱乐部的文化建设研究[J].体育文化导刊,2016(5):138-141.

[31]刘远洋.体育产业结构优化研究[M].济南:山东大学出版社,2015.

[32]夏正清.体育产业经营管理[M].西安:西安地图出版社,2011.

[33]杨俊祥,和金生.知识管理内部驱动力与知识管理动态能力关系研究[J].科学学研究,2013,31(2):258-265.

[34]李万来.体育经营管理概论[M].北京:人民体育出版社,2006.

[35]曹可强,席玉宝.体育产业经营管理[M].北京:高等教育出版社,2017.

[36]易国庆.体育场馆的经营与管理[M].北京:人民体育出版社,2009.

[37]杨远波.体育场馆经营导论[M].成都:西南财经大学出版社,2006.

[38]谈群林.体育场馆经营管理实务[M].广州:华南理工大学出版社,2011.

[39]王菲.体育经济与管理专业人才培养模式探讨——基于校企合作的视角[J].体育世界(学术),2018(6):32+38.

[40]孙洪涛,付蕾,陈利.健身俱乐部服务营销策略研究[J].体育文化导刊,2010(12):47-49.

[41]周进国.体育健身产业发展背景下社会体育指导与管理专业人才的培养理念[J].韩山师范学院学报,2018(3):73-77.

[42]王玥,徐昱枚.探析体育管理控制人才培养[J].体育风尚,2018(7).

[43]席玉宝,郜贻红,陈永军,魏万珍.中国体育用品产业与市场实证研究[M].北京:北京体育大学出版社,2006.

[44]宋永平.我国体育服务业的现状与发展政策[J].体育与科学,2004,25(6):50-52.

[45]彭道海.体育彩票销售企业的 SWOT 分析[J].武汉体育学院学报,2010,44(1):35-40.

[46]朱小龙.我国体育彩票业政府规制改革思路[J].武汉体育学院学报,2012,46(12):34-38.

[47]栾秀群,王大川.中国体育传媒发展研究[J].中国报业,2012(2):142-143.

[48]崔俊铭,庞静.新《广告法》对体育广告的影响[J].新闻战线,2016(3):104-107.